스크래치와 함께하는 창의 컴퓨팅

SW

가이드북

하버드 교육대학원
Karen Brennan · Christan Balch · Michelle Chung 지음

경인교육대학교 미래인재연구소
한선관 · 김수환 · 김현수 · 류미영 · 이진태 · 장용준
신나리 · 김안나 · 홍수빈 · 김슬기 · 홍정미 · 박정환 옮김

생능출판

스크래치와 함께하는
창의 컴퓨팅 가이드북

초판인쇄 2015년 8월 12일
초판발행 2015년 8월 20일

지은이 Karen Brennan 하버드대학교 교육대학원 교수
Christan Balch 하버드대학교 석사, 교육자
Michelle Chung MIT 미디어랩 연구원
옮긴이 대표 한선관 경인교육대학교 미래인재연구소 소장
미래인재연구소 번역팀(김수환, 김현수, 류미영, 이진태, 장용준, 신나리, 김안나, 홍수빈, 김슬기, 홍정미, 박정환)

펴낸이 김승기
펴낸곳 ㈜생능출판사 / **주소** 경기도 파주시 광인사길 143
출판사 등록일 2005년 1월 21일 / **신고번호** 제406-2005-000002호
대표전화 (031) 955-0761 / **팩스** (031) 955-0768
홈페이지 www.booksr.co.kr

책임편집 김민보 / **편집** 최일연, 신성민, 손정희 / **디자인** 유준범
마케팅 백승욱, 최복락, 김민수, 심수경, 최권혁, 백수정, 이재원, 최태웅, 김민정
인쇄 성광인쇄㈜ / **제본** 은정문화사

ISBN 978-89-7050-842-9 (04000)
ISBN 978-89-7050-845-0 (전 2권)
값 18,000원

- 이 도서의 국립중앙도서관 출판예정도서목록(CIP)은 서지정보유통지원시스템 홈페이지(http://seoji.nl.go.kr)와 국가자료공동목록시스템(http://www.nl.go.kr/kolisnet)에서 이용하실 수 있습니다.
(CIP 제어번호 : CIP2015021098)

머리말 Preface

저자 대표

Karen Brennan
Assistant Professor of Education Harvard University

Our vision for the Creative Computing guide is *computing for everyone*. We believe that everyone — not only people who want to be professional programmers, not only people of a certain age, and not only people who already have access to computers and technology — can benefit from learning how computer code can be used as a medium for both personal expression and problem solving. Our vision includes people all around the world, but the realization of this vision is only possible through the time and energy that our friends and colleagues invest in translation. We are excited and grateful that this Korean version has been developed. We look forward to creating and learning with you!

역자 대표

한선관 교수
경인교육대학교 미래인재연구소 소장

컴퓨팅을 주요 테마로 하여 인간의 창의적 사고를 끌어내는 교육으로서의 SW 교육, 창의 컴퓨팅이 교육의 미래를 만들어 간다고 믿는 팀원들과 함께 창의 컴퓨팅 활동을 하며 고민한 내용을 이 가이드북의 번역에 담고자 하였습니다.

전문 번역가들이 아닌 재능 기부의 형태로 진행된 작업이라 서툰 점도 있지만 우리나라 창의 컴퓨팅 교육의 발전에 도움이 되고자 이 가이드북 번역서를 출판합니다.

모쪼록 미래를 변화시키고 싶은 모든 분들에게 도움이 되길 간절히 소망합니다.

차례 Contents

교과과정

4단원 - 게임

5단원 - 고급 기능

6단원 - 해커톤(팀 프로젝트)

부록

교과과정 Curriculum

01 이 책은?

다음의 질문에 대한 답을 통해 창의 컴퓨팅의 세계를 쉽게 이해할 수 있습니다.

- 창의 컴퓨팅은 무엇인가요?
- 스크래치는 무엇인가요?
- 이 가이드북은 무엇인가요?
- 이 가이드북은 누구를 위한 것인가요?
- 이 가이드북을 사용하기 위해 필요한 것은 무엇인가요?
- 이 가이드북은 어떤 내용으로 구성되어 있나요?
- 이 가이드북은 어떻게 사용하면 좋은가요?
- 이 가이드북은 누가, 어떻게 만들었나요?

02 창의 컴퓨팅은 무엇인가요?

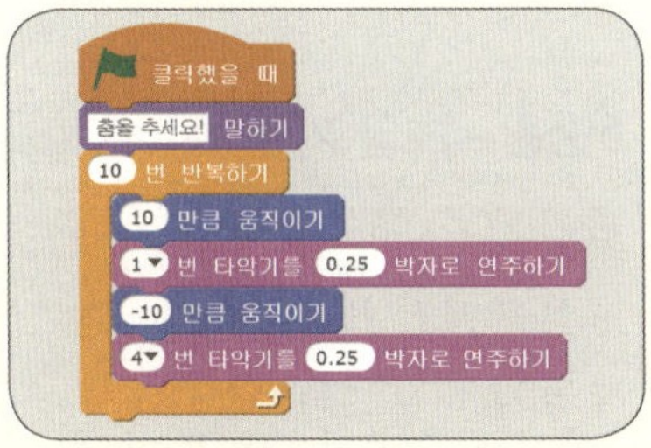

창의 컴퓨팅은 창의성과 관련되어 있습니다

컴퓨터 과학과 컴퓨터 관련 영역은 오랫동안 학생들의 관심과 가치—기술을 넘어서서 창의적인 잠재력을 강조하는—와는 관련 없는 방식으로 소개되어 왔습니다. 창의 컴퓨팅은 학생들이 컴퓨팅을 통하여 상상을 동원한 창의성을 발휘할 수 있도록 지원합니다.

창의 컴퓨팅은 역량 강화와 관련되어 있습니다

대부분의 학생들은 디자이너나 창작자로서가 아닌 소비자로서 컴퓨터를 사용합니다. 창의 컴퓨팅은 학생들이 삶 속에서 즐길 수 있는 역동적이고 상호작용적인 컴퓨터 미디어를 만드는 데 필요한 지식이나 실습 그리고 기초 리터러시(literacy)를 강조합니다.

창의 컴퓨팅은 컴퓨팅 사고와 관련되어 있습니다

컴퓨터를 이용하여 창작물을 만드는 작업은 컴퓨터 과학자나 프로그래머로서의 경력을 쌓는 것 이상의 일입니다. 창의 컴퓨팅은 학생들이 컴퓨팅 사고로 창작물을 개발하도록 도와줍니다. 즉, 컴퓨터적인 관점에서 삶의 모든 측면을 살펴보며 그동안 배운 학문과 함께 사용하도록 해 줍니다.

03 스크래치는 무엇인가요?

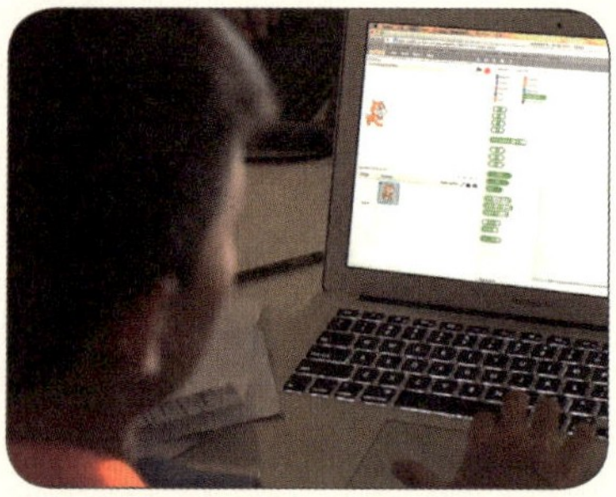

창의 컴퓨팅을 위한 툴은 많이 있지만 이 가이드북에서는 스크래치를 사용합니다. 스크래치는 MIT 미디어랩 연구자들이 개발한 무료 프로그래밍 언어입니다. 사람들은 스크래치로 다양한 상호작용적인 미디어 프로젝트–애니메이션, 스토리, 게임 등–를 만들고 온라인 커뮤니티에서 공유할 수 있습니다. 2007년 봄에 출시된 이후로, 전 세계 사람들이 600만 개 이상의 프로젝트를 만들어 공유하고 있습니다.

04 이 가이드북은 무엇인가요?

이 가이드북은 스크래치를 이용한 창의 컴퓨팅 경험, 즉 아이디어 · 기획 · 수행의 모음입니다. 이 활동들은 컴퓨터적 창의성과 사고력을 통한 유창성을 증진하도록 구성되어 있습니다. 특히, 컴퓨팅 사고 개념(시퀀스, 반복, 병렬, 이벤트, 조건, 연산자, 데이터), 컴퓨팅 사고 실습(실험하고 반복하기, 테스팅하고 디버깅하기, 재사용하고 재구성하기, 추상화하고 모듈화하기)을 탐색하도록 하고 있습니다. 컴퓨팅 사고가 무엇이고, 어떻게 학습자들이 이 사고를 개발하도록 하는지 더 알고 싶다면 부록에 있는 자료를 활용하거나 스크래치와 함께하는 컴퓨팅 사고(http://scratched.gse.harvard.edu/ct)를 방문하십시오.

이 가이드북에서는 학습을 위한 구성주의적 접근을 고려하여 다음과 같은 원리를 강조합니다.

원리 1
창작하기

학습자들이 단순히 듣고, 관찰하고, 사용하는 것이 아니라 디자인하고 제작하는 데 참여하도록 기회를 제공합니다.

원리 2
자기화하기

학습자들이 스스로 의미 있는 활동에 참여하도록 기회를 제공합니다.

원리 3
공유하기

학습자들이 공동 제작자로서 다른 사람들과의 상호작용에 참여하도록 기회를 제공합니다.

원리 4
되돌아보기

학습자들이 창의적 실습을 재사고하고 되돌아볼 수 있도록 기회를 제공합니다.

05 이 가이드북은 누구를 위한 것인가요?

이 가이드북은 학습자들과 교사들의 창의 컴퓨팅을 위해 다양한 내용으로 구성하였습니다. 다음의 글은 누가 이 가이드북을 어떻게 사용했는지에 대한 사례입니다.

교사

스크래치는 전 세계의 수많은 초등학교, 중학교, 고등학교에서 사용하고 있습니다. 이 가이드북은 한 학기 동안의 컴퓨팅 코스에서 사용하거나 다른 교과과정의 일부분에 적용할 수 있습니다. 많은 선생님들이 학생들의 열린 탐색을 통한 창의력 향상을 위해 창의 컴퓨팅을 방과후 학교의 프로그램으로 추천하고 있습니다.

교육 전문가

스크래치는 교실과 같은 공식적인 교육 환경에서뿐만 아니라, 학교 이외의 비공식적인 학습 공간에서도 사용하고 있습니다. 잘 조직된 워크숍이나 놀이 공간과 같은 학습 환경은 전통적인 환경의 제한을 넘어서 창의 컴퓨팅을 탐색하는 데 이상적입니다.

학부모

학부모들은 이 가이드북을 다양한 방법으로 활용할 수 있습니다. 홈스쿨이나 학교에서의 컴퓨터 동아리 또는 지역아동센터에서 컴퓨터 교육을 할 때 많은 아이디어를 제공해 줄 것입니다.

대학 강의자

스크래치는 전통적인 텍스트 기반의 프로그래밍 언어를 사용하기 전 단계에서 기본적인 컴퓨터 개념과 실습을 소개하는 데 활용할 수 있습니다. 예를 들면, 컴퓨터과학과의 교과과정 중 C 프로그래밍 언어로 옮겨가기 전에 기초 프로그래밍 경험을 위해 스크래치를 활용할 수 있습니다. 또한 대학의 인문, 사회, 예술 등의 학과에서 교육, 예술, 미디어 리터러시 코스의 일부분으로 활용할 수도 있습니다.

학습자

스크래치가 출시된 이후 지난 몇 년 동안, 학생들은 다양한 환경에서 창의 컴퓨팅의 열정적인 옹호자가 되었습니다. 학생들은 선생님과 부모님들에게 프로그래밍을 소개하는 것에서부터 친구들과의 학습 공유에 이르기까지, 창의 컴퓨팅을 통해 상상을 동원한 창의성 발휘와 역동적으로 상호작용하는 창작물을 만들고 있습니다.

06 이 가이드북을 사용하기 위해 필요한 것은 무엇인가요?

시간과 도전에 대한 열린 마음과 더불어 다음과 같은 중요한 몇 가지 자원이 필요합니다.

- **스피커가 있는 컴퓨터**(추가적으로 마이크와 웹캠) : 컴퓨터 기반 디자인 활동을 위해
- **네트워크 연결** : 스크래치 온라인 연결을 위해(만약 네트워크 연결 환경이 아니라면 스크래치 다운로드 버전을 사용할 수 있음)
- **발표자를 위한 프로젝터 또는 상호작용 화이트보드** : 작업 과정의 공유와 시연을 위해
- **디자인 저널**(물리적인 또는 디지털적인) : 내용 정리와 스케치, 아이디어와 계획에 대한 브레인스토밍을 위해

05 이 가이드북은 누구를 위한 것인가요?

이 가이드북은 학습자들과 교사들의 창의 컴퓨팅을 위해 다양한 내용으로 구성하였습니다. 다음의 글은 누가 이 가이드북을 어떻게 사용했는지에 대한 사례입니다.

교사

스크래치는 전 세계의 수많은 초등학교, 중학교, 고등학교에서 사용하고 있습니다. 이 가이드북은 한 학기 동안의 컴퓨팅 코스에서 사용하거나 다른 교과과정의 일부분에 적용할 수 있습니다. 많은 선생님들이 학생들의 열린 탐색을 통한 창의력 향상을 위해 창의 컴퓨팅을 방과후 학교의 프로그램으로 추천하고 있습니다.

교육 전문가

스크래치는 교실과 같은 공식적인 교육 환경에서뿐만 아니라, 학교 이외의 비공식적인 학습 공간에서도 사용하고 있습니다. 잘 조직된 워크숍이나 놀이 공간과 같은 학습 환경은 전통적인 환경의 제한을 넘어서 창의 컴퓨팅을 탐색하는 데 이상적입니다.

학부모

학부모들은 이 가이드북을 다양한 방법으로 활용할 수 있습니다. 홈스쿨이나 학교에서의 컴퓨터 동아리 또는 지역아동센터에서 컴퓨터 교육을 할 때 많은 아이디어를 제공해 줄 것입니다.

대학 강의자

스크래치는 전통적인 텍스트 기반의 프로그래밍 언어를 사용하기 전 단계에서 기본적인 컴퓨터 개념과 실습을 소개하는 데 활용할 수 있습니다. 예를 들면, 컴퓨터과학과의 교과과정 중 C 프로그래밍 언어로 옮겨가기 전에 기초 프로그래밍 경험을 위해 스크래치를 활용할 수 있습니다. 또한 대학의 인문, 사회, 예술 등의 학과에서 교육, 예술, 미디어 리터러시 코스의 일부분으로 활용할 수도 있습니다.

학습자

스크래치가 출시된 이후 지난 몇 년 동안, 학생들은 다양한 환경에서 창의 컴퓨팅의 열정적인 옹호자가 되었습니다. 학생들은 선생님과 부모님들에게 프로그래밍을 소개하는 것에서부터 친구들과의 학습 공유에 이르기까지, 창의 컴퓨팅을 통해 상상을 동원한 창의성 발휘와 역동적으로 상호작용하는 창작물을 만들고 있습니다.

06 이 가이드북을 사용하기 위해 필요한 것은 무엇인가요?

시간과 도전에 대한 열린 마음과 더불어 다음과 같은 중요한 몇 가지 자원이 필요합니다.

- **스피커가 있는 컴퓨터**(추가적으로 마이크와 웹캠) : 컴퓨터 기반 디자인 활동을 위해
- **네트워크 연결** : 스크래치 온라인 연결을 위해(만약 네트워크 연결 환경이 아니라면 스크래치 다운로드 버전을 사용할 수 있음)
- **발표자를 위한 프로젝터 또는 상호작용 화이트보드** : 작업 과정의 공유와 시연을 위해
- **디자인 저널**(물리적인 또는 디지털적인) : 내용 정리와 스케치, 아이디어와 계획에 대한 브레인스토밍을 위해

03 스크래치는 무엇인가요?

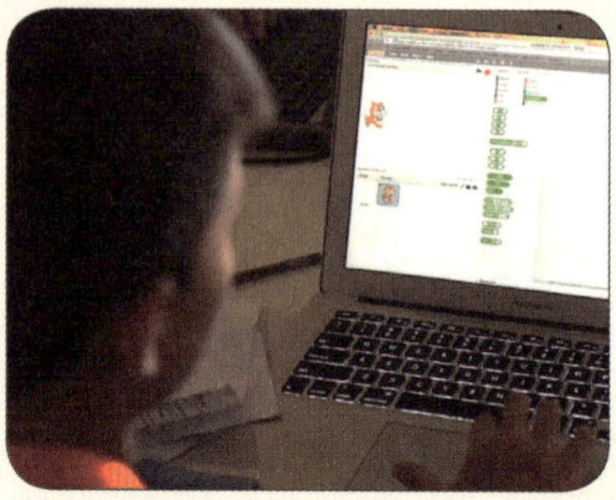

창의 컴퓨팅을 위한 툴은 많이 있지만 이 가이드북에서는 스크래치를 사용합니다. 스크래치는 MIT 미디어랩 연구자들이 개발한 무료 프로그래밍 언어입니다. 사람들은 스크래치로 다양한 상호작용적인 미디어 프로젝트–애니메이션, 스토리, 게임 등–를 만들고 온라인 커뮤니티에서 공유할 수 있습니다. 2007년 봄에 출시된 이후로, 전 세계 사람들이 600만 개 이상의 프로젝트를 만들어 공유하고 있습니다.

04 이 가이드북은 무엇인가요?

이 가이드북은 스크래치를 이용한 창의 컴퓨팅 경험, 즉 아이디어 · 기획 · 수행의 모음입니다. 이 활동들은 컴퓨터적 창의성과 사고력을 통한 유창성을 증진하도록 구성되어 있습니다. 특히, 컴퓨팅 사고 개념(시퀀스, 반복, 병렬, 이벤트, 조건, 연산자, 데이터), 컴퓨팅 사고 실습(실험하고 반복하기, 테스팅하고 디버깅하기, 재사용하고 재구성하기, 추상화하고 모듈화하기)을 탐색하도록 하고 있습니다. 컴퓨팅 사고가 무엇이고, 어떻게 학습자들이 이 사고를 개발하도록 하는지 더 알고 싶다면 부록에 있는 자료를 활용하거나 스크래치와 함께하는 컴퓨팅 사고(http://scratched.gse.harvard.edu/ct)를 방문하십시오.

이 가이드북에서는 학습을 위한 구성주의적 접근을 고려하여 다음과 같은 원리를 강조합니다.

원리 1
창작하기

학습자들이 단순히 듣고, 관찰하고, 사용하는 것이 아니라 디자인하고 제작하는 데 참여하도록 기회를 제공합니다.

원리 2
자기화하기

학습자들이 스스로 의미 있는 활동에 참여하도록 기회를 제공합니다.

원리 3
공유하기

학습자들이 공동 제작자로서 다른 사람들과의 상호작용에 참여하도록 기회를 제공합니다.

원리 4
되돌아보기

학습자들이 창의적 실습을 재사고하고 되돌아볼 수 있도록 기회를 제공합니다.

교과과정 Curriculum

01 이 책은?

다음의 질문에 대한 답을 통해 창의 컴퓨팅의 세계를 쉽게 이해할 수 있습니다.

- 창의 컴퓨팅은 무엇인가요?
- 스크래치는 무엇인가요?
- 이 가이드북은 무엇인가요?
- 이 가이드북은 누구를 위한 것인가요?
- 이 가이드북을 사용하기 위해 필요한 것은 무엇인가요?
- 이 가이드북은 어떤 내용으로 구성되어 있나요?
- 이 가이드북은 어떻게 사용하면 좋은가요?
- 이 가이드북은 누가, 어떻게 만들었나요?

02 창의 컴퓨팅은 무엇인가요?

창의 컴퓨팅은 창의성과 관련되어 있습니다

컴퓨터 과학과 컴퓨터 관련 영역은 오랫동안 학생들의 관심과 가치—기술을 넘어서서 창의적인 잠재력을 강조하는—와는 관련 없는 방식으로 소개되어 왔습니다. 창의 컴퓨팅은 학생들이 컴퓨팅을 통하여 상상을 동원한 창의성을 발휘할 수 있도록 지원합니다.

창의 컴퓨팅은 역량 강화와 관련되어 있습니다

대부분의 학생들은 디자이너나 창작자로서가 아닌 소비자로서 컴퓨터를 사용합니다. 창의 컴퓨팅은 학생들이 삶 속에서 즐길 수 있는 역동적이고 상호작용적인 컴퓨터 미디어를 만드는 데 필요한 지식이나 실습 그리고 기초 리터러시(literacy)를 강조합니다.

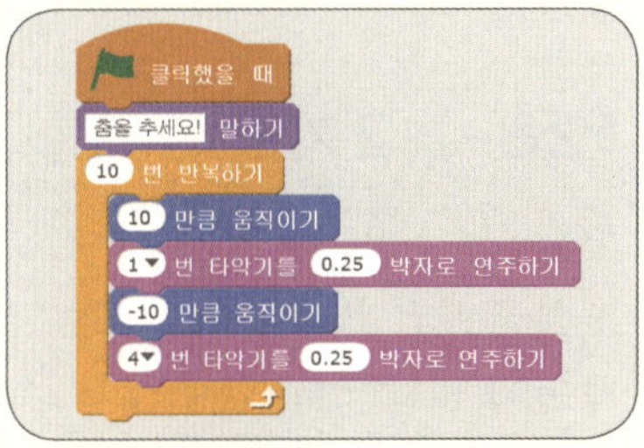

창의 컴퓨팅은 컴퓨팅 사고와 관련되어 있습니다

컴퓨터를 이용하여 창작물을 만드는 작업은 컴퓨터 과학자나 프로그래머로서의 경력을 쌓는 것 이상의 일입니다. 창의 컴퓨팅은 학생들이 컴퓨팅 사고로 창작물을 개발하도록 도와줍니다. 즉, 컴퓨터적인 관점에서 삶의 모든 측면을 살펴보며 그동안 배운 학문과 함께 사용하도록 해 줍니다.

4단원 - 게임

5단원 - 고급 기능

6단원 - 해커톤(팀 프로젝트)

부록

차례 Contents

머리말 Preface

저자 대표

Karen Brennan

Assistant Professor of Education Harvard University

Our vision for the Creative Computing guide is *computing for everyone*. We believe that everyone—not only people who want to be professional programmers, not only people of a certain age, and not only people who already have access to computers and technology—can benefit from learning how computer code can be used as a medium for both personal expression and problem solving. Our vision includes people all around the world, but the realization of this vision is only possible through the time and energy that our friends and colleagues invest in translation. We are excited and grateful that this Korean version has been developed. We look forward to creating and learning with you!

역자 대표

한선관 교수

경인교육대학교 미래인재연구소 소장

컴퓨팅을 주요 테마로 하여 인간의 창의적 사고를 끌어내는 교육으로서의 SW 교육, 창의 컴퓨팅이 교육의 미래를 만들어 간다고 믿는 팀원들과 함께 창의 컴퓨팅 활동을 하며 고민한 내용을 이 가이드북의 번역에 담고자 하였습니다.

전문 번역가들이 아닌 재능 기부의 형태로 진행된 작업이라 서툰 점도 있지만 우리나라 창의 컴퓨팅 교육의 발전에 도움이 되고자 이 가이드북 번역서를 출판합니다.

모쪼록 미래를 변화시키고 싶은 모든 분들에게 도움이 되길 간절히 소망합니다.

스크래치와 함께하는

창의 컴퓨팅 가이드북

초판인쇄 2015년 8월 12일
초판발행 2015년 8월 20일

지은이 Karen Brennan 하버드대학교 교육대학원 교수
Christan Balch 하버드대학교 석사, 교육자
Michelle Chung MIT 미디어랩 연구원
옮긴이 대표 한선관 경인교육대학교 미래인재연구소 소장
미래인재연구소 번역팀(김수환, 김현수, 류미영, 이진태, 장용준, 신나리, 김안나, 홍수빈, 김슬기, 홍정미, 박정환)

펴낸이 김승기
펴낸곳 ㈜생능출판사 / **주소** 경기도 파주시 광인사길 143
출판사 등록일 2005년 1월 21일 / **신고번호** 제406-2005-000002호
대표전화 (031) 955-0761 / **팩스** (031) 955-0768
홈페이지 www.booksr.co.kr

책임편집 김민보 / **편집** 최일연, 신성민, 손정희 / **디자인** 유준범
마케팅 백승욱, 최복락, 김민수, 심수경, 최권혁, 백수정, 이재원, 최태웅, 김민정
인쇄 성광인쇄㈜ / **제본** 은정문화사

ISBN 978-89-7050-842-9 (04000)
ISBN 978-89-7050-845-0 (전 2권)
값 18,000원

- 이 도서의 국립중앙도서관 출판예정도서목록(CIP)은 서지정보유통지원시스템 홈페이지(http://seoji.nl.go.kr)와 국가자료공동목록시스템(http://www.nl.go.kr/kolisnet)에서 이용하실 수 있습니다.
(CIP 제어번호 : CIP2015021098)

스크래치와 함께하는 창의 컴퓨팅

가이드북

하버드 교육대학원
Karen Brennan · Christan Balch · Michelle Chung 지음

경인교육대학교 미래인재연구소
한선관 · 김수환 · 김현수 · 류미영 · 이진태 · 장용준
신나리 · 김안나 · 홍수빈 · 김슬기 · 홍정미 · 박정환 옮김

생능출판

07 이 가이드북은 어떤 내용으로 구성되어 있나요?

이 가이드북은 처음 준비 단원부터 마지막 프로젝트 제작 단원까지 7단원으로 구성되어 있으며, 각 단원은 기본적으로 6개의 활동으로 이루어져 있습니다. 각 단원에 대한 간단한 소개는 다음과 같습니다.

⓪ 0단원 - 시작하기

기술적인 인프라와 적용 가능성을 탐색하여 창의 컴퓨팅 문화에 대한 준비를 합니다. 예를 들면, 스크래치 회원 가입이나 디자인 저널 쓰기, 평가 그룹을 만드는 등의 준비를 합니다. 스크래치 캐릭터로 놀랄 만한 무언가를 만들어 보게 함으로써 창의적인 경험 속으로 뛰어들게 합니다.

① 1단원 - 탐험하기

단계적인 튜토리얼에서부터 제한된 수의 블록을 사용하여 창의적인 결과물을 만들도록 하거나 제한 없이 자신이 기획한 프로젝트를 만들도록 하는 활동에 이르기까지, 다양한 수준의 활동을 제공하여 컴퓨팅 사고의 개념 중 시퀀스를 학습하도록 합니다.

② 2단원 - 애니메이션

애니메이션, 미술, 음악에 초점이 맞추어진 활동에서 시각과 음성을 활용하는 활동을 합니다. 자신만의 밴드나 움직이는 객체 또는 좋아하는 노래의 뮤직 비디오와 같은 미디어에 초점이 맞추어진 프로젝트를 만들면서 반복, 이벤트, 병렬과 같은 컴퓨팅 사고의 개념을 탐색하도록 합니다.

③ 3단원 - 스토리

협력 스토리텔링을 통해 새로운 상호작용 세계를 창작합니다. 캐릭터를 개발하고, 대화 코드를 학습하는 것에서 시작하여 캐릭터와의 대화를 배경을 바꾸면서 배치해 봅니다. 또한 캐릭터와의 대화 장면을 더 큰 이야기 프로젝트와 연결해 봅니다. 그 활동을 통해 다시 상상하고 다른 창작자들과 협력합니다.

④ 4단원 - 게임

점수, 레벨과 같은 기본적인 게임 구조를 변수, 연산자, 조건과 같은 컴퓨팅 사고의 개념과 연결합니다. 학생들이 좋아하는 게임을 분석하고, 새로운 게임을 상상하며, 퐁과 같은 고전적인 게임을 구현하면서(확장하면서) 게임 디자인을 연습합니다.

⑤ 5단원 - 고급 기능

마지막 단원을 학습하기 전에 이전의 단원을 되돌아보면서 발전된 개념을 탐색하여 점검하고, 새로운 활동을 디자인하거나 디버깅하는 활동을 통해 다른 사람들을 도와주는 등의 시간을 갖습니다.

⑥ 6단원 - 해커톤(팀 프로젝트)

계획, 제작, 공유의 반복적인 사이클을 통하여 자신만의 프로젝트를 디자인하고 개발하는 과정 속에서 모든 컴퓨팅 사고의 개념과 실습을 학습하게 됩니다.

평가 전략은 이 가이드북 전체에서 설명하고 있으며, 몇 가지 평가 도구는 부록에 있습니다. 우리는 과정 중심의 평가를 적용하며, 학생들이 자신 또는 친구들의 창작품, 창의적인 실습에 대해 이야기하는 기회를 갖는 것을 중요하게 생각합니다.
이 가이드북에서 제안하는 과정 중심의 평가 자료를 수집하기 위한 여러 가지 방식은 다음과 같습니다.

- 학생들의 프로젝트에 대한 의견을 음성, 비디오, 텍스트 파일로 기록합니다.
- 프로젝트 포트폴리오를 평가합니다.
- 디자인 저널을 지속적으로 기록하게 합니다.

평가는 학생들이 이미 알고 있는 것과 더 배우고 싶어하는 것을 쉽게 이해하기 위해 학생들이 수행해야 하는 일입니다.
평가는 창작자들, 친구들, 선생님들, 학부모들 또는 다른 사람들 등 다양한 참여자들이 수행할 수 있습니다.

08 이 가이드북은 어떻게 사용하면 좋은가요?

여러분이 원하는 만큼

새로운 활동을 설계하는 데 있어

제공된 활동을 재구성하는 데 있어

스스로 도전을 선택하세요!

우리는 이 가이드북을 여러분이 원하는 활동으로 새롭게 디자인하고, 제시된 활동을 재구성하여 사용하기를 권장합니다. 또한 여러분의 예전 경험이나 경력이 어떠하든간에, 여러분 모두를 창의 컴퓨팅 경험의 협력 디자이너라고 생각합니다.

더불어 우리는 여러분의 활동을 배우길 원합니다. 여러분의 경험을 ScratchEd 커뮤니티(http://scratched.gse.harvard.edu)를 통해 우리와 다른 교육자들과 함께 문서화하고 공유하기를 권장합니다.

09 이 가이드북은 누가, 어떻게 만들었나요?

이 가이드북은 하버드 교육대학원의 ScratchEd 연구팀의 멤버들 – Christan Balch, Michelle Chung, and Karen Brennan – 에 의해 개발되었으며, Jeff Hawson이 헌신적인 열정으로 편집을 도와주었습니다.

이 가이드북은 2011년에 발행된 창의 컴퓨팅 안내서와 2013년의 창의 컴퓨팅 온라인 워크숍의 내용을 기반으로 하고 있습니다. 또한 National Science Foundation through grant DRL-1019396, the Google CS4HS program, and the Code-to-Learn Foundation과 같은 단체의 후원으로 제작되었습니다.

그동안 워크숍에 참석하고, 이 가이드북의 이전 버전을 사용한 많은 교육자들에게 매우 감사하게 생각합니다. 특히, 초기 버전을 감수해 준 Russell Clough, Judy Hoffman, Kara Kestner, Alvin Kroon, Melissa Nordmann, and Tyson Spraul과 현재 버전을 감수해 준 Ingrid Gustafson, Megan Haddadi, Keledy Kenkel, Adam Scharfenberger, and LeeAnn Well 등 모두에게 감사드립니다.

또한 우리의 협력자분들께 무한히 감사드립니다. 아동과 기술교육개발센터의 Wendy Martin, Francisco Cervantes, and Bill Tally와 컴퓨팅 사고 프레임워크 및 자료를 제공해 준 MIT 미디어랩의 Mitch Resnick에게 감사드립니다. 그리고 2011년의 초기 버전부터 몇 년 동안 이 가이드북을 개발하는 데 도움을 주신 하버드 교육대학원의 인턴분들(Vanity Gee, Vanessa Gennarelli, Mylo Lam, Tomoko Matsukawa, Aaron Morris, Matthew Ong, Roshanak Razavi, Mary Jo Madda, Eric Schilling, and Elizabeth Woodbury)에게도 깊은 감사를 드립니다.

한국에서는 경인교육대학교 미래인재연구소(http://in.re.kr, 소장 한선관)와 창의 컴퓨팅 커뮤니티에서 이 가이드북을 번역, 보급하는 데 앞장서고 있습니다.

10 이 가이드북은 누가 번역했나요?

이 가이드북의 번역은 경인교육대학교 미래인재연구소 팀(소장 한선관 교수)이 2011년 11월 MIT 미디어랩을 방문하여 Mitchel Resnick 교수와 Karen Brennan 그리고 Michelle Chung과의 만남을 통하여 시작했습니다. 2011년 가이드북의 2014년 개정판을 재번역하였습니다.

경인교육대학교 미래인재연구소 팀은 매년 5월 스크래치데이 인 코리아 행사를 진행하고 있으며, 스크래치를 활용한 영재교육 캠프 및 게임과 몰입 학생들을 위한 정보문화 행사도 수행하고 있습니다. 특히, 정규 정보 교육과정에 창의 컴퓨팅 교육을 통한 컴퓨팅 사고력을 신장시키기 위한 노력으로, 교사 연수, 보고서 발행, 방과후 교육 프로그램 개발 등 다양한 프로그램을 진행하고 있습니다.

이 책을 번역하기 위해 주간에 학생들을 가르치고 야간에 번역의 정열을 쏟아 준 미래인재연구소 팀원들에게 감사드리고, 우리 연구소를 믿고 협력 작업을 지원해 준 MIT 미디어랩 Mitchel Resnick 교수와 연구소 멤버들에게도 감사드립니다.

또한 응원해 주신 창의 컴퓨팅 커뮤니티(페이스북) 멤버 분들에게도 감사드립니다.

특히, 이 가이드북의 번역을 감수해 주신 이은정 선생님과 정영찬 선생님께도 깊은 감사를 드립니다.

경인교육대학교 미래인재연구소 팀은 창의 컴퓨팅 교육 연구를 위해 다양한 연구를 수행하고 있습니다. 이 연구소의 멤버는 전수진, 김형석, 김수환, 조영찬, 김상홍, 이진태, 장용준, 서정보, 김현수, 조권형, 장유현, 박정환, 김안나, 서희정, 서양종, 신나리, 홍희상, 홍수빈, 하진주, 김미소, 민경수, 박종훈, 류미영, 차경민, 최무영, 최상현, 홍정미, 김미성, 안준별, 방혜윤, 김차명, 전병찬, 하희정입니다. (기수별 가나다순)

현재 학습 단계

0 1 2 3 4 5 6

학습 내용

UNIT 0

시작하기

UNIT 0 SUMMARY

단원 개관

01 빅 아이디어

우리가 이 원고를 교사들과 공유했을 때 선생님들이 보인 공통적인 첫 반응은 "0단원이요? 왜 0단원이지요?"였습니다.

이 단원은 사전 준비 단원으로 창작하기, 자기화하기, 공유하기, 되돌아보기를 통해 창의 컴퓨팅의 문화를 정립하도록 지원합니다. 이 가이드북을 통해 창의 컴퓨팅 학습 문화가 정착되었으면 합니다.

창의 컴퓨팅 문화는 컴퓨팅 사고의 개념 및 실습과 관련된 지적인 측면 모두를 말합니다. 그리고 책상, 의자, 컴퓨터의 배치를 통해 타인과의 상호작용을 고취시킬 수 있는 물리적인 측면도 포함하고 있습니다. 하지만 무엇보다도 가장 중요한 것은 할 수 있다는 자신감과 새로운 것에 대한 두려움을 이겨내는 정의적인 측면입니다.

이 활동은 도전하는 교실 문화나 분위기를 만드는 데 도움이 됩니다. 시작하는 날에 다음과 같은 이야기를 해 줍니다.

학생들에게 실수하거나 어려운 일이 있더라도 "괜찮아 다시 한 번 용기를 내 봐."라고 이야기합니다. 항상 너희들은 그럴 권리가 있다고 이야기합니다. 처음에 학생들은 성공해야 한다는 생각 때문에 두려운 마음을 가지고 시작하는 경우가 종종 있는데, 어른들조차도 실수하거나 실패하는 것을 싫어한다는 사실을 알려 줍니다. 학생들이 어려움에 부딪혔을 때 그 시간은 포기하거나 울기 위한 시간이 아니라 문제를 해결하거나 도움을 청하기 위해 생각할 시간이라고 말해 줍니다.

좌절하거나 포기할 이유는 없다고 말이죠. 그리고 계속해서 도전하라고 말해 줍니다.

초등학교 교사

학습 목표

학생들은

- 스크래치를 익히면서 창의적인 컴퓨팅 사고의 개념을 소개받게 됩니다.
- 자신만의 스크래치 기반의 창의적인 컴퓨팅 가능성을 상상할 수 있습니다.
- 창의적인 컴퓨팅을 지원하는 자원과 친숙해질 수 있습니다.
- 스크래치 계정 만들기, 스크래치 스튜디오 탐색하기, 디자인 저널 만들기, 평가 집단 조직하기 등을 통해 창의적인 스크래치 프로젝트를 준비할 수 있습니다.

주제어, 개념, 실습

- 프로필 편집기
- 프로젝트 페이지
- 스튜디오
- 평가 집단
- 빨간색, 노란색, 초록색

노트

- 여러분의 컴퓨터가 스크래치 웹사이트에 접속할 수 있도록 IT 부서와 협력하세요.
- 인터넷 접속을 할 수 없나요? 오프라인 버전 스크래치를 다운로드할 수 있습니다.
http://scratch.mit.edu/scratch2download

02 자신만의 모험을 선택하세요

시작할 준비가 되었나요? 이 단원은 스크래치를 처음 접하는 사람들을 위해 구성되었습니다. 학생들이 아이디어를 얻기 위해 다양한 프로젝트를 탐색하는 과정부터 스크래치 계정 만들기, 스크래치 프로젝트 만들기의 경험을 할 수 있는 각각의 활동으로 이루어져 있습니다.

각 단원에는 다양한 선택 활동이 있지만, 여러분은 학습 환경과 학생들의 수준에 따라 선택 활동을 수정하여 적용할 수 있습니다. 따라서 주어진 환경과 학생의 수준에 적합한 형태로 재구성하여 활용하기 바랍니다.

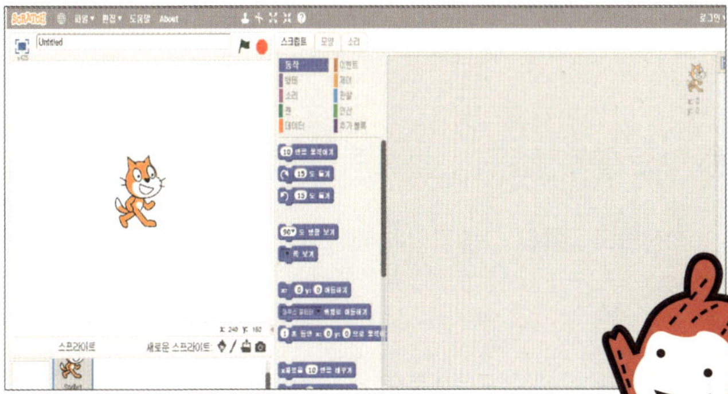

어디부터 시작해야 할지 확실하지 않나요? 그렇다면 아래에 제시된 학습 경로를 활용해 보세요.

03 학습 경로

세션 1

- **스크래치 소개하기**: 스크래치 개관 비디오를 보고 스크래치로 무엇이 가능한지 상상해 볼까요?
- **스크래치 가입하기**: 프로젝트를 저장하고 공유하기 위해 스크래치 계정을 만들어 보세요.
- **디자인 저널 만들기**: 스크래치 프로젝트를 디자인하는 과정에서 메모와 반성을 적기 위한 디자인 저널을 만들어 보세요.

세션 2

- **스크래치 서프라이즈**: 스크래치 고양이로 놀랄 만한 무언가를 만들 수 있나요?
- **스크래치 스튜디오**: 스튜디오를 어떻게 만드는지 배우고 프로젝트를 추가하세요.
- **평가하기**: 프로젝트 초안과 아이디어에 대한 피드백을 주고받기 위해 소그룹 동료 집단을 모으세요.

UNIT 0 ACTIVITY

01 | 스크래치 소개하기

활동 시간 5~15분

학습 목표

이 활동을 끝내면 학생들은
- 스크래치 개관 비디오를 보거나 샘플 프로젝트를 탐색하면서 창의적인 컴퓨팅을 알게 될 것이다.
- 스크래치 기반의 창의적인 컴퓨팅 가능성을 상상할 수 있다.

학습 활동

학생들의 컴퓨터 사용 경험에 대해 짧게 대답하도록 질문하세요.

학생들에게 샘플 프로젝트와 스크래치 개관 비디오를 보여 주면서 앞으로 만들게 될 스크래치와 함께 다양하고 폭넓은 프로젝트 안내를 통해 창의 컴퓨팅을 소개하세요. 이런 활동을 통해 학생들의 동기와 관심을 유도하고 학생들에게 다음 단원을 공부하면 스크래치로 자신만의 상호작용적인 컴퓨터 미디어 작품을 만들 수 있다고 설명해 주세요.

무엇을 만들고 싶나요? 학생들에게 스크래치로 만들고 싶은 프로젝트가 무엇인지 상상해 보라고 질문하세요.

학습 준비물

- 스크래치 개관 비디오를 보여 주기 위한 프로젝터(선택)
- 스크래치 개관 비디오
  http://vimeo.com/65583694
  http://youtu.be/-SjuiawRMU4
- 샘플 프로젝트 스튜디오
  http://scratch.mit.edu/studios/137903

학습 질문

* 여러분이 컴퓨터와 상호작용할 수 있는 다른 방법이 있나요?
* 컴퓨터를 활용하여 창의적인 일을 할 수 있는 방법에는 무엇이 있을까요?

학습 검토

학생들이 프로젝트의 다양한 아이디어를 브레인스토밍했나요? 그렇지 않다면 학생들이 다양한 생각을 할 수 있도록 폭넓고 다양한 프로젝트를 보여 주세요.

노트

- 인터넷 접속이 안 된다면 스크래치 개관 비디오를 수업 전에 Vimeo에서 다운로드하세요.
  http://vimeo.com/65583694
- 학생들이 학습 질문에 대한 답을 글로 쓰기보다는 그림으로 그리면서 창의적으로 표현하도록 격려해 주세요(예를 들면, '컴퓨터와 상호작용할 수 있는 다른 방법 그리기').

개인 노트

스크래치를 소개하는 영상을 볼까요?

UNIT 0 ACTIVITY

02 | 스크래치 가입하기

활동 시간 5~15분

학습 목표

이 활동을 끝내면 학생들은
- 스크래치 계정을 만들 수 있다.
- 스크래치 온라인 커뮤니티를 탐색하고 스크래치 커뮤니티 지침을 활용할 수 있다.

학습 활동

스크래치 온라인 계정은 이메일 주소가 필요합니다. 만약 학생들이 개인이나 학교 메일 주소가 준비되지 못했다면, 교사나 학부모(보호자)의 이메일 주소를 사용할 수 있습니다. 온라인 계정 승인을 위해 필요한 정보를 미리 준비하세요.

학생들이 스크래치 웹사이트(http://scratch.mit.edu)에 접속한 후 '스크래치 가입'을 클릭해서 스크래치 계정 만들기를 시작하도록 도와주세요. 학생들을 안내하기 위해 스크래치 가입하기 학습지를 사용할 수 있습니다. 학생들에게 가입한 후 스크래치 프로필 페이지를 업데이트하고, 온라인 커뮤니티를 탐색할 시간을 주세요. 학생들이 로그인, 로그아웃을 연습하도록 해주세요.

학급 멤버들이 서로의 스크래치 프로필을 더 쉽게 발견하고 팔로잉할 수 있도록 사용자 이름이나 학생 이름의 학급 리스트를 만드는 것도 좋은 방법입니다.

서로를 존중하고 건설적인 행동을 하는 모둠이 되도록 스크래치 커뮤니티 지침을 살펴보고, 웹사이트에서 부적절한 게시물을 신고하는 방법을 알아봅니다.

노트

- 스크래치 웹사이트에서의 부적절한 행동에 대한 경고는 가입 시 등록된 이메일로 보내지기 때문에, 선생님들은 자신의 메일을 가입 시 등록하게 하거나 학급 이메일 주소를 만들어 등록하게 할 수 있습니다.
- 온라인 계정을 이미 가지고 있는 학생이 있는지 점검하세요.
- 사생활을 보호하면서 비밀번호를 기억하기 위하여 학생들의 사용자 이름과 비밀번호를 써서 밀봉된 봉투에 넣고 교실의 안전한 장소에 보관하세요.

학습 준비물

- 스크래치 가입하기 학습지(워크북 20~21쪽)
- 스크래치 커뮤니티 지침
  http://scratch.mit.edu/community_guidelines

학습 질문

* 여러분의 스크래치 계정(아이디) 사용자 이름은 무엇인가요?
* 여러분의 비밀번호를 기억하도록 돕는 힌트는 무엇인가요?

학습 검토

학생들이 스크래치 계정을 만들 수 있고, 로그인과 로그아웃을 제대로 할 수 있나요?

개인 노트

스크래치가 처음인가요? 스크래치 사이트에서 회원 가입과 함께 시작해 보세요!

여러분은 스크래치 프로젝트를 만들고, 창작물을 저장하며 공유하기 위해 스크래치 계정이 필요합니다. 아래의 단계는 새로운 계정과 프로필을 만들도록 안내합니다.

시작하기

1 웹브라우저를 열고 스크래치 웹사이트를 찾아가세요.
http://scratch.mit.edu

2 홈페이지에서 오른쪽 위 또는 파란색 원 안에 있는 '스크래치 가입'을 클릭하세요.

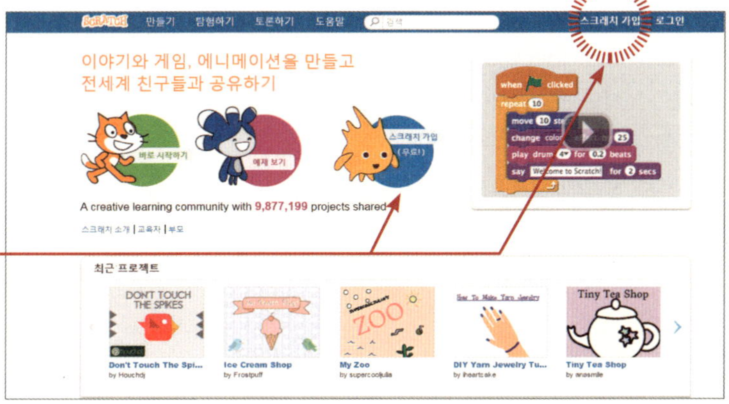

3 스크래치 계정을 등록하기 위해 3단계를 완수하세요.

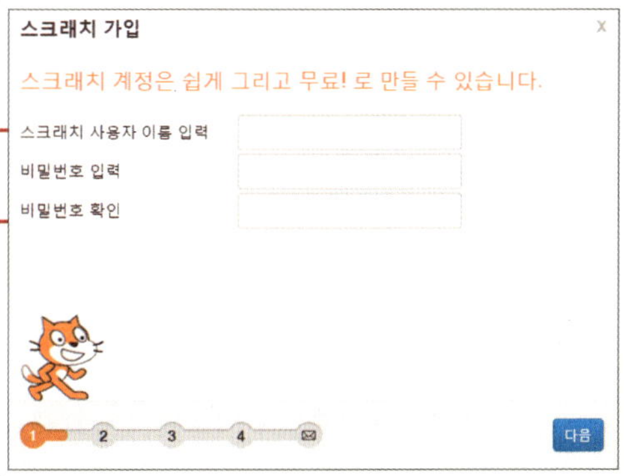

UNIT 0 ACTIVITY

03 | 디자인 저널 활용하기

활동 시간
15~30분

학습 목표

이 활동을 끝내면 학생들은
- 디자인 과정과 반성을 기록하기 위해 자신만의 디자인 저널 작성을 시작할 수 있다.

학습 활동

학생들에게 디자인 저널을 소개할 때, 디자인 저널은 공책이나 디지털 방식의 노트에 개인적 저널 또는 일기처럼 자신의 아이디어를 브레인스토밍하고 개인적 반성을 적어 공유하는 것이라고 소개하세요. 학생들은 스크래치 프로그래밍 모험을 통해 디자인 저널을 즉각적으로 업데이트할 수 있다고 설명해 주세요. 또한 프로젝트를 디자인하는 과정 동안에 떠오르는 생각, 아이디어, 요약, 스케치, 질문, 실망, 성취감 등 어떤 것이라도 디자인 저널에 추가할 수 있다고 안내해 주세요.

어떤 형태의 디자인 저널(공책이나 디지털 게시판 등)이 학생들에게 좋을지 샘플을 검토하세요. 학생들에게 디자인 저널을 만들고 시작할 수 있도록 시간을 주세요.

학생들에게 옆의 학습 질문에 대한 답을 작성하는 것으로 첫 번째 디자인 저널을 만들도록 하세요.

학생들이 디자인 저널과 최초 반응을 주변 사람과 공유하도록 격려해 주세요.

학습 준비물

- 디자인 저널 활용하기 학습지(워크북 22~23쪽)
- 샘플 디자인 저널
  http://bit.ly/designjournal-blog
  http://bit.ly/designjournal-paper
  http://bit.ly/designjournal-digital

학습 질문

* 여러분은 친구들에게 스크래치를 어떻게 설명할 건가요?
* 여러분이 관심 있고 만들고 싶은 스크래치 프로젝트 3개에 대한 아이디어를 쓰거나 스케치해 보세요.

학습 검토

* 학생들에게 흥미 있거나 만들고 싶은 프로젝트에 대해 이야기할 때 학생들의 반응은 어떠한가요?
* 학생들의 반응에 기초하여, 이 책에서 어떤 단원이 학생들에게 매력적일까요?

노트

- 여러 활동을 하는 동안 학습 질문과 관련된 내용으로 모둠 토의를 해 보세요.
- 디자인 저널을 개인적으로 만들지 공동으로 만들지 결정하세요. 예를 들면, 개인적인 노트를 통해 학생들과 1 대 1 피드백을 유지하거나 공유된 노트에 댓글을 남길 수도 있습니다. 각각의 방법에 대해 장단점을 생각해 보세요.

개인 노트

'라바 달리기 게임'을 디자인 저널에 스케치해 볼까요? 상상하는 그 어떤 것이라도 스케치해 볼 수 있어요.

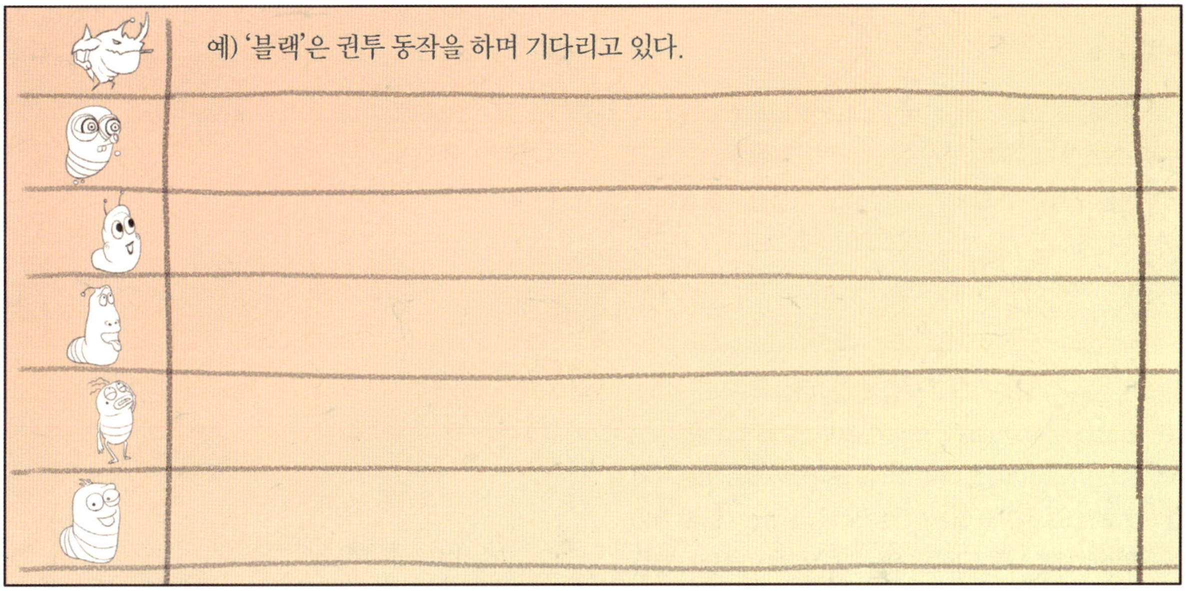

UNIT 0 ACTIVITY

04 | 스크래치 서프라이즈

활동 시간 15~30분

학습 목표 이 활동을 끝내면 학생들은
- 탐구적이고 실제적인 스크래치 경험에 참여할 수 있다.

학습 활동

학생들이 스크래치 웹사이트(http://scratch.mit.edu)에 접속한 후 로그인하고 페이지 상단에 있는 '만들기'를 눌러서 스크래치 편집기를 열 수 있도록 도와주세요. 학생들의 활동을 안내하기 위해 스크래치 서프라이즈 학습지와 스크래치 카드를 사용할 수 있습니다.

학생들에게 10분 동안 자유롭게 스크래치 인터페이스를 탐색할 시간을 주세요. 그리고 다음과 같이 안내하세요. "10분 동안 스크래치 고양이에게 놀라운 일이 생기도록 만들어 보세요." 또는 "스크래치 인터페이스에 친숙해지도록 10분 동안 탐색해 보세요. 무엇을 알게 되었나요?" 학생들이 함께 작업하도록 격려하고 서로 도움을 요청하며 무엇을 이해했는지 공유하도록 하세요.

3~4명에게 발표를 시켜 무엇을 발견했는지 함께 공유하도록 하세요. 발표 후 학생들에게 다음과 같은 질문을 할 수 있습니다.

- 소리를 어떻게 추가하는지 알게 되었나요?
- 배경을 어떻게 바꾸는지 알게 되었나요?
- 블록 도움말을 어떻게 사용하는지 알게 되었나요?

학습 준비물

- 스크래치 서프라이즈 학습지(워크북 24~25쪽)
- 스크래치 카드
  http://computing.or.kr/scratch

학습 질문

* 무엇을 알게 되었나요?
* 더 알고 싶은 것은 무엇인가요?

학습 검토

* 학생들은 새로운 프로젝트를 어떻게 시작하는지 잘 알고 있나요?
* 학생들은 스크래치 블록을 조립하는 기본 사용법을 이해하고 있나요?

노트

- 이 활동의 주요 목표는 두려움 없애기, 탐구심, 동료 협업의 문화를 만드는 것입니다. 학생들은(교사들도) 미리 모든 것을 알 수 없으며, 이러한 환경하에서 모든 사람들이 함께 배우는 공간이 될 것입니다.
- 스크래치를 실행하기 위해 여러분의 컴퓨터에 플래시 최신 버전이 설치되어 있는지 확인하세요.
  http://www.adobe.com/kr/software/flash/about

개인 노트

스크래치로 깜짝 놀랄 만한 것을 만들어 볼까요?

이 활동에서 여러분은 스크래치로 새로운 프로젝트를 만들고 고양이가 놀랄 만한 일을 하도록 여러 가지 스크래치 블록을 탐색할 것입니다. 무엇을 만들어 볼까요?

시작하기

1. 스크래치 웹사이트에 접속하세요.
   http://scratch.mit.edu

2. 여러분의 계정에 로그인하세요.

3. 새로운 프로젝트를 시작하기 위하여 브라우저 왼쪽 위에 있는 '만들기'를 클릭하세요.

4. 탐색할 시간입니다. 어떤 일이 일어나는지 알아보기 위해 스크래치 인터페이스에서 여러 부분을 클릭해 보세요.

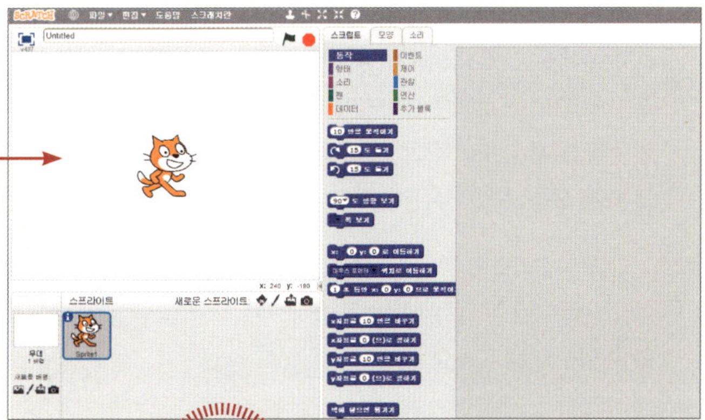

5. 다른 스크래치 블록으로 즐겨 보세요. 스크립트 영역 안에 스크래치 블록을 드래그-앤-드롭해 보세요. 각각의 블록이 무엇을 하는지 클릭해 보거나 블록을 함께 끼워 보세요.

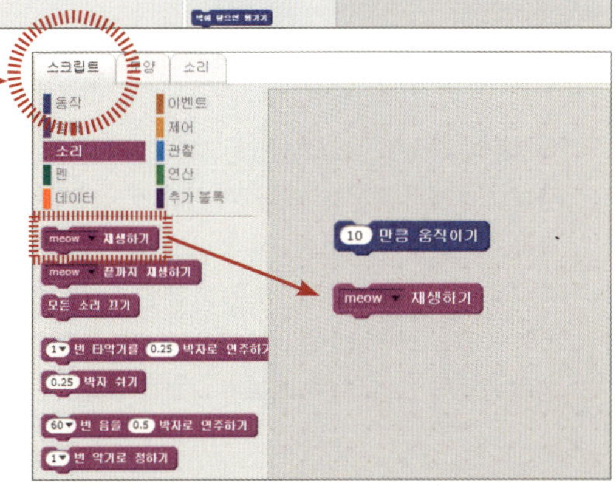

UNIT 0 ACTIVITY

05 | 스크래치 스튜디오

활동 시간
5~15분

학습 목표

이 활동을 끝내면 학생들은
- 스튜디오에 프로젝트를 추가할 수 있다.
- 다른 스크래치 프로젝트에 댓글을 작성할 수 있다.

학습 활동

스크래치 스튜디오는 스크래치 프로젝트를 온라인에서 모으고 구성하는 하나의 방법입니다. 이 활동을 통해서 학생들이 스튜디오가 무엇이고 스튜디오에 프로젝트를 어떻게 추가하는지 알도록 도와주세요. 학생들을 안내하기 위해 스크래치 스튜디오 학습지를 사용할 수 있습니다.

우선 학생들이 스크래치 웹사이트를 찾아 그들의 계정에 로그인합니다. 다음으로 학생들이 스크래치 스튜디오나 교사가 만들어 놓은 학급 스튜디오를 찾도록 도와주세요. 마지막으로 학생들이 스튜디오에 프로그램을 추가하면서 다른 사람들과 스크래치 스튜디오 탐색을 공유하도록 해 주세요.

학생들이 스튜디오에 있는 다른 프로젝트를 살펴보도록 격려해 주세요. 스튜디오에서 특별히 흥미 있거나 아이디어를 주는 두 개의 프로젝트 페이지에 들어가서 댓글을 달도록 학생들을 초대하세요. 적절하고 의미 있는 피드백을 주는 방법에 대해 모둠 토의의 시간을 가지세요.

학생들에게 학습 질문에 대한 답을 디자인 저널에 쓰게 하거나 모둠으로 토의하는 방법을 통해 창의적인 탐구 활동을 할 수 있도록 해 주세요.

학습 준비물

- 스크래치 스튜디오 학습지(워크북 26~27쪽)
- 스크래치 스튜디오
- http://scratch.mit.edu/studios/1311852

학습 질문

* 스크래치 스튜디오는 무엇을 하는 곳인가요?
* 다른 프로젝트를 보면서 어떤 생각이 들었나요?
* 여러분이 남긴 댓글을 두 개 적어 보세요.
* 이 프로젝트가 좋아요(♥) 버튼을 누른 프로젝트는 무엇인가요?

학습 검토

* 학생들이 프로젝트를 스튜디오에 추가할 수 있나요?
* 학생들이 다른 사람들의 작품에 적절하게 댓글을 작성하였나요?

노트

학생들의 작품을 모으기 위해 그룹 스튜디오를 만드세요. 교사의 스크래치 계정을 사용하여 학급 스크래치 스튜디오를 시작하고 학생들이 프로젝트를 올릴 수 있도록 스튜디오 링크를 학생들에게 알려 주세요. 모든 학급 프로젝트를 모으기 위해 하나의 전용 스튜디오를 만들거나, 학생들의 진행 상황을 보기 위해 별도의 스튜디오에 활동을 나눠 주세요.

개인 노트

온라인 스크래치 스튜디오에 스크래치 작품 올리는 방법을 배워 보세요.

스튜디오는 스크래치 프로젝트를 모아 놓은 공간입니다. 아래의 단계를 따라서 '스크래치 서프라이즈!' 프로그램을 스크래치 스튜디오에 올려 보세요.

시작하기

1 아래 사이트에 접속하여 스크래치 스튜디오로 가세요.
http://scratch.mit.edu/studios/1311852

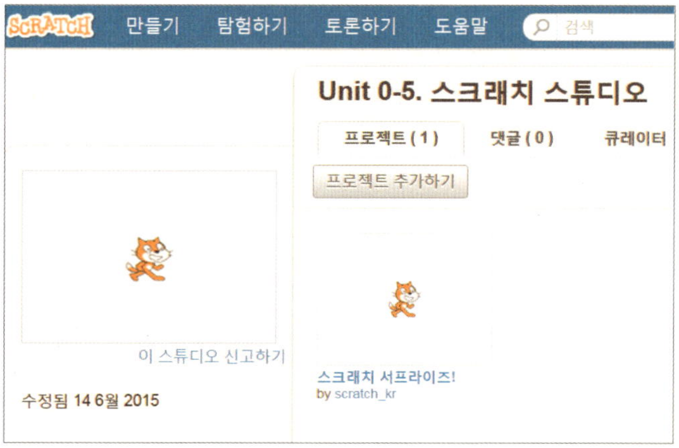

2 여러분의 계정에 로그인하세요.

3 여러분의 프로젝트나 좋아하는 프로젝트 그리고 최근에 본 프로젝트를 보기 위해 페이지의 맨 아래에 있는 '프로젝트 추가하기'를 클릭하세요.

4 마우스 커서를 움직여 여러분이 만들어 공유한 프로젝트를 찾아 'Add+'를 클릭해 추가하세요.

UNIT 0 ACTIVITY

06 | 평가하기

활동 시간
15~30분

학습 목표

이 활동을 끝내면 학생들은
- 진행 중인 일이나 아이디어를 구성하는 데 피드백을 주고받기 위해 모둠을 구성할 수 있다.

학습 활동

학생들에게 모둠원들의 아이디어를 소개하세요. 각 모둠의 디자이너들은 더 나은 발전을 위한 피드백과 제안을 얻기 위해 진행 중인 일과 아이디어를 서로서로 공유합니다.

평가하기 학습지는 학생들에게 피드백 주는 법을 안내하기 위해 사용할 수 있습니다.

학생들을 3~4명의 모둠으로 나누세요. 이 모둠 안에서 학생들의 아이디어, 초안 또는 프로토타입, 예를 들면 스크래치 서프라이즈 프로젝트와 같은 것을 공유하게 하세요.

학생들이 평가하기 학습지를 사용하거나 빨간색, 노란색, 초록색 학습 질문에 응답한 평가 집단의 멤버들로부터 피드백을 모으도록 하세요. 학생들이 자기 디자인 저널에 요약, 피드백, 제안을 기록하도록 격려하세요.

학습 준비물

평가하기 학습지(워크북 28~29쪽)

학습 질문

* 빨간색 : 작동되지 않는 것이나 더 향상될 수 있는 것은 무엇인가요?
* 노란색 : 혼동이 되는 것이나 다르게 끝낼 수 있는 것은 무엇인가요?
* 초록색 : 잘 작동되는 것이나 프로젝트에서 정말로 마음에 드는 것은 무엇인가요?

학습 검토

모든 학생들은 작품을 공유하거나 피드백을 받을 수 있는 기회가 있었나요?

노트

학생들의 반복적인 디자인에 격려와 피드백을 주는 동료 집단이 있다는 것은 가치 있는 일입니다. 1~6단원 동안 평가 그룹과의 만남이 계속되도록 학생들에게 기회를 주세요.

개인 노트

이름:

프로젝트 제목: ______________________

1	2	3	4
평가는 누가 해 주었나요?	부족하거나 개선할 점은 무엇인가요?	어렵게 느낀 부분은 있었나요? 있다면 어떻게 해결하였나요?	프로젝트에서 잘된 점이나 칭찬할 만한 것은 무엇인가요?

평가에 도움이 되는 프로젝트 요소

명료성 : 어떤 프로젝트를 만들고 있는지 쉽게 알 수 있나요?

특성 : 프로젝트의 특징은 무엇인가요? 기대한 대로 프로젝트가 실행되나요?

매력 : 프로젝트에서 눈에 띄는 부분은 무엇인가요? 독창적이며 상호작용이 잘되고 재미있나요? 프로젝트를 실행해 보고 어떤 점을 느꼈나요?

현재 학습 단계

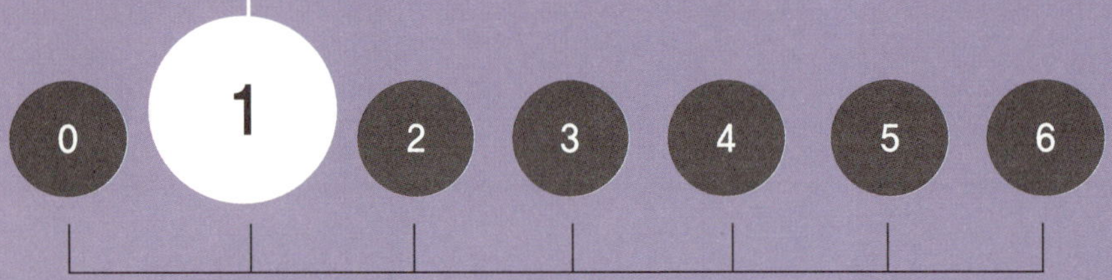

학습 내용

UNIT 1

탐험하기

UNIT 1 SUMMARY

단원 개관

01 빅 아이디어

우리와 함께 수년 동안 일해 온 많은 교육자들이 창의 컴퓨팅이라는 분야를 처음 시작하면서 두 가지 물음을 던졌습니다. 하나는 "창의 컴퓨팅을 시작할 때 학생들을 도와주는 최선의 방법은 무엇인가?"와 또 하나는 "교사로서 무엇을 알아야 하는가?"였습니다. 저명한 수학자이며 교육자이고 또 로고 프로그래밍 언어를 통해 스크래치를 발전시키는 데 주요한 영향을 끼친 시모어 페퍼트(Seymour Papert)의 글은 이러한 물음에 대한 답을 생각하도록 아이디어를 줄 것입니다.

첫 번째 물음에 대해 두 개의 서로 다른 입장이 있습니다. 학생들에게 무엇을 해야 하는지 알려 줄 필요가 있으며 제대로 구조화된 경험을 겪게 해야 한다는 입장과 학생들에게 자신만의 방법으로 철저히 혼자 탐색하도록 내버려 두어야 한다는 입장이 있습니다. 페퍼트는 어린 학생들이 자신만의 생각을 가지고 학습하고 탐색하도록 두어야 한다고 생각합니다. 그리고 교사들이 그런 활동과 가르침 사이에서 균형을 잡아 주어야 한다고 말합니다. 이 책에서 우리는 그러한 균형을 맞추기 위해 다양한 활동으로 내용을 구성하였습니다.

두 번째 물음에 대해 교사들은 때때로 스크래치를 남에게 가르칠 만큼 충분히 '알지' 못하는 것을 걱정합니다. 여러분은 스크래치에 대해 '아는 것'이 무엇인지 넓은 관점을 가질 필요가 있다고 생각합니다. 스크래치 인터페이스의 모든 것을 알 필요도 없고 학생들이 부딪히게 될 모든 문제에 대한 해결 방법 역시 알 필요가 없습니다. 그러나 페퍼트가 말한 것처럼 교육자는 인지적 안내자로서 학생들에게 질문해야 합니다. 그리고 어려운 문제를 학생들이 스스로 해결할 수 있도록 도움을 줄 수 있는 조력자로서의 역할을 해야 합니다.

선생님이 함께 생각하자 그 학생은 매우 놀라워했다. "그러니까 선생님도 정말 어떻게 해결하는지 모른다는 말씀이지요?" 그 학생은 디버깅의 방법은 아직 몰랐지만, 자신과 선생님이 그 프로젝트에 함께 참여하고 있다는 사실을 분명히 안 것이었다. 이 일은 그 학생에게 전환점이 되었다.

선생님이 "같이해 보자."라고 말하면서 게임을 할 때에, 항상 학생들은 "함께하자."라는 건 거짓말로 생각하고 있었다는 것을 말한다. 발견은 미리 정해질 수 없고 발명은 미리 계획될 수도 없다. (페퍼트, 1980, p. 115)

학습 목표

학생들은

- 상호작용적인 스크래치 프로그램을 만들면서 스크래치 환경에 대한 초기 탐험을 경험할 수 있습니다.
- 더 많은 스크래치 블록을 알 수 있습니다.
- 시퀀스의 개념에 대해 익숙해질 수 있습니다.
- 프로젝트를 만들면서 상호작용과 실험을 실습할 수 있습니다.

주제어, 개념, 실습

- 실험과 반복
- 테스팅과 디버깅
- 시퀀스
- 스프라이트
- 동작
- 형태
- 소리
- 모양
- 배경
- 도움말(힌트 창)
- 재구성
- 상호작용적인 콜라주
- 짝 공유

노트

- 학생들이 프로젝트를 온라인에서 저장하고 공유하기 위해 스크래치 계정을 가지고 있는지 확인하세요.
- 학생들의 작품에 어떻게 접근할지 계획을 짜세요. 예를 들면, 여러분은 프로젝트를 모으기 위해 학급 스튜디오를 만들거나, 학생들에게 프로젝트 주소를 이메일로 보내게 하거나, 학급 블로그를 시작할 수 있습니다.

02 자신만의 모험을 선택하세요

이 단원은 구조화되어 있으면서 확장 가능한 활동을 포함하고 있는데, 학생들은 일련의 학습 내용을 확인하고 규정하면서 시퀀스의 핵심 개념을 탐색하게 됩니다. 이것은 학생들에게 매우 의미 있는 순간으로, 학생들은 자기의 생각을 컴퓨터 코드 블록으로 변환하여 컴퓨터가 할 일을 명령합니다.

스텝 바이 스텝 튜토리얼부터 시작하여 '제한된 수의 블록으로 만들기', '디버깅하기(오류 수정하기)'의 각 활동은 학생들이 '나에 대하여' 프로젝트를 만들기 위한 필요한 기술을 익히는 데 도움을 줍니다. 이 프로젝트 마지막에 학생들은 스크래치로 개별적이며 상호작용적인 콜라주를 만들기 위해 스프라이트, 모양, 형태, 배경, 소리를 탐색하고 시도하게 될 것입니다.

모든 활동에서 장점을 활용하거나 학생들의 특수한 요구와 흥미를 충족시켜 줄 활동을 골라서 할 수 있습니다. 선택은 여러분에게 달려 있습니다. 어디에서 시작하면 좋을지 모르겠다면 아래의 활동 순서를 따라해 보세요.

03 학습 경로

세션 1

- **댄스 프로그램 살펴보기**: 단순한 설명으로 댄스 움직임의 시퀀스를 어떻게 표현할 수 있을까요?

세션 2

- **스텝 바이 스텝**: 스크래치가 처음인가요? 첫 번째 스크래치 프로젝트를 만들어 보세요.
- **10개의 블록**: 10개의 블록으로 무엇을 만들 수 있나요?

세션 3

- **나의 스튜디오**: 스크래치로 무엇을 만들 수 있나요?
- **디버깅하기**: 도와주세요! 5개의 스크래치 프로그램의 오류를 수정할 수 있나요?

세션 4, 5

- **나에 대하여**: 나에 대한 상호작용적인 콜라주를 만들기 위해 이미지와 소리를 어떻게 결합할 수 있나요?

UNIT 1 ACTIVITY

01 | 댄스 프로그램 살펴보기

활동 시간 45~60분

학습 목표 이 활동을 끝내면 학생들은
- 단순한 명령의 시퀀스를 사용하여 복잡한 동작을 표현하는 것을 배울 수 있다.

학습 활동

8명의 지원자를 받아서 네 명은 지시할 사람, 네 명은 수행할 사람 역할을 합니다. 지시자/수행자 네 짝을 만드세요. 댄스 프로그램 비디오를 보여 줄 프로젝터를 준비하세요.

지시자/수행자는
1. 수행자는 화면에서 뒤돌아 있고 지시자와 나머지 친구들은 화면을 보고 있습니다.
2. 지시자와 나머지 친구들은 비디오를 보고, 수행자는 보지 않습니다.
3. 지시자가 수행자에게 비디오에서 본 댄스 움직임의 순서와 동작을 단지 말만을 사용해서 묘사하도록 합니다.

이 활동은 일련의 지시를 명확히 하는, 시퀀스의 중요성을 토의할 때 수업 초기에 사용하는 활동입니다. 여러분은 다른 지시자/수행자나 관찰한 학생들에게 그들의 생각을 공유하게 하고 디자인 저널에 개인적으로 기록하게 하거나 모둠 토의를 하게 합니다.

학습 준비물

- 프로젝터(선택 사항)
- 댄스 프로그램 비디오
  http://vimeo.com/28612347
  http://vimeo.com/28612585
  http://vimeo.com/28612800
  http://vimeo.com/28612970

학습 질문

* 지시자가 되었을 때 어떤 점이 쉽거나 어려웠나요?
* 수행자가 되었을 때 어떤 점이 쉽거나 어려웠나요?
* 관찰할 때 어떤 점이 쉽거나 어려웠나요?
* 이런 활동은 우리가 스크래치로 하는 활동과 어떤 관련이 있나요?

학습 검토

학생들이 지시 사항을 지정할 때 시퀀스의 무엇이 중요한지 설명할 수 있나요?

노트

- 이 활동은 이 책에서 컴퓨터가 필요 없는 활동 중 하나입니다. 컴퓨터에서 한걸음 물러나는 것은 컴퓨팅 사고의 개념과 실습에 새로운 이해와 신선한 관점을 제시합니다.
- 댄스 프로그램 중 하나인 스텝 바이 스텝의 지시 사항을 적게 하세요. 이것은 프로그래밍에서 '의사 코드'로 불립니다.

개인 노트

말이 춤추는 모습을 말의 움직임의 순서에 따라 표현해 보세요.

UNIT 1 ACTIVITY

02 | 스텝 바이 스텝

활동 시간 15~30분

학습 목표

이 활동을 끝내면 학생들은
- 스텝 바이 스텝 튜토리얼을 따라 스크래치로 춤추는 고양이를 만들 수 있다.
- 실험과 반복으로 프로그램을 만드는 경험을 할 수 있다.

학습 활동

학생들이 스크래치 계정에 로그인하고 스크래치 웹사이트 상단에 있는 '만들기' 버튼을 클릭하도록 도와주세요. 활동하는 동안 학생들을 안내하기 위해 스텝 바이 스텝 학습지와 스크래치 카드를 사용할 수 있습니다.

학생들이 도움말(힌트 창)에서 스텝 바이 스텝 튜토리얼을 열어 춤추는 고양이 프로그램을 따라 만들도록 하세요. 학생들이 그들만의 프로젝트를 만들기 위해 블록을 추가하고 동작, 스프라이트, 형태, 소리, 배경을 탐색해 보도록 격려해 주세요.

학생들이 첫 번째 스크래치 창작물을 친구들과 공유하도록 해 주세요. 학생들이 그들의 프로젝트를 스텝 바이 스텝 스튜디오나 학급 스튜디오에 추가하고 공유하도록 도와주세요.

학생들이 디자인 저널 작성이나 모둠 토의를 통해 학습 질문에 답하게 함으로써 디자인 과정을 되돌아보게 하세요.

학습 준비물

- 스텝 바이 스텝 학습지(워크북 34~35쪽)
- 스텝 바이 스텝 스튜디오
  http://scratch.mit.edu/studios/1311856
- 스크래치 카드
  http://computing.or.kr/scratch

학습 질문

* 활동 중에 어떤 점이 놀라웠나요?
* 스텝 바이 스텝을 따라하면서 어떤 느낌이 들었나요?
* 이 활동을 하면서 여러분이 창의적이라고 느꼈던 때는 언제인가요?

학습 검토

* 학생들은 스크래치를 열고 도움말(힌트 창)을 발견할 수 있나요?
* 학생들은 춤추는 고양이를 만들 수 있나요?
* 학생들은 프로젝트를 저장하고 공유할 수 있나요?

노트

- 만약 학생들이 계정을 가지고 있지 않다면, 0단원의 스크래치 계정 활동을 다시 하여 스크래치 계정을 만들도록 도와주세요. 그래야만 학생들이 첫 번째 스크래치 프로젝트를 저장하고 친구나 가족과 공유할 수 있습니다.
- 학생들이 0단원 스크래치 스튜디오 활동이나 학습지로 어떻게 프로젝트를 추가했는지 되돌아보게 해 주세요.

개인 노트

스크래치가 처음인가요? 스크래치의 첫 작품을 만들어 보세요.

이 활동에서는 스크래치에서 춤추는 고양이를 만들기 위해 도움말에서 보여 주는 모든 단계를 따라갈 것입니다. 단계를 완수했다면 여러분만의 프로젝트를 완성하기 위해 다른 스크래치 블록을 추가해서 다양하게 만들어 보세요.

시작하기

1. 도움말(힌트 창)의 모든 단계를 따라하세요.
2. 블록을 더 추가하세요.
3. 익숙해지도록 여러 번 반복하세요.
어떤 블록을 더 끼워 넣고 싶은가요?

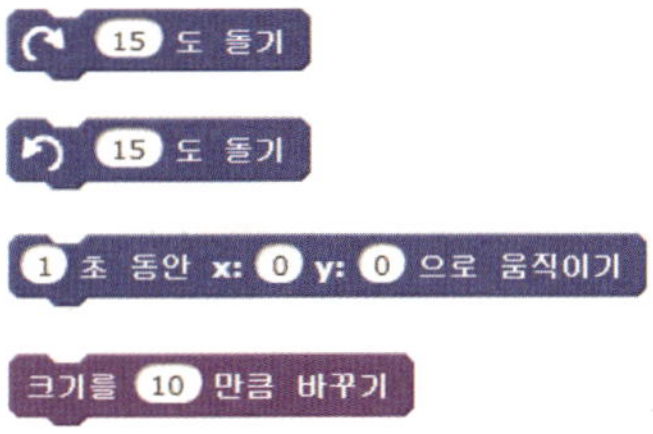

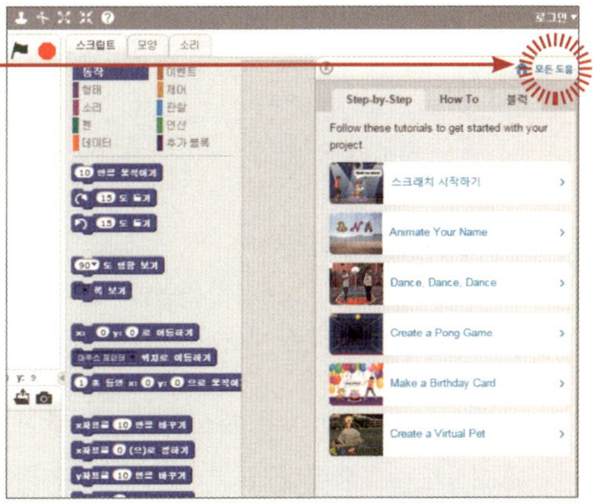

도전해 보기

- 여러분의 목소리를 녹음해 보세요.
- 다른 배경을 만들어 보세요.
- 여러분의 프로젝트에 춤추는 스프라이트를 추가하여 댄스 파티로 바꾸어 보세요.
- 스프라이트의 새로운 모양을 디자인해 보세요.

마무리하기

- 여러분의 프로젝트를 모든 단계 스튜디오에 추가하세요.
http://scratch.mit.edu/studios/1311856
- 스스로 더 많은 것을 하도록 도전하세요. 새로운 블록, 소리, 움직임을 추가하여 즐겨 보세요.
- 주변 친구들을 도와서 재미있게 만들어 보세요.
- 새로운 블록을 선택하고 다양하게 실험해 보세요.

UNIT 1 ACTIVITY

03 | 10개의 블록

활동 시간 15~30분

학습 목표

이 활동을 끝내면 학생들은
- 제한된 10개의 블록으로 프로젝트를 만들 수 있다.

학습 활동

학생들이 스크래치 계정에 로그인하고 스크래치 웹사이트 상단에 있는 '만들기' 버튼을 클릭하여 새로운 프로젝트를 시작하도록 도와주세요. 활동하는 동안 학생들을 안내하기 위해 10개의 블록 학습지를 사용할 수 있습니다.

학생들에게 10개의 블록('○로 이동하기', '○초 동안 ○로 움직이기', '○을 ○초 동안 말하기', '보이기', '숨기기', '크기를 ○%로 정하기', '끝까지 ○ 소리 내기', '○초 기다리기', '이 스프라이트를 클릭했을 때', '○번 반복하기')으로 프로젝트를 만들도록 시간을 주세요. 학생들이 프로젝트에 적어도 한 번은 각 블록을 사용하도록 하고, 다양한 스프라이트, 모양, 배경을 만들도록 격려해 주세요.

학생들이 평가 그룹에서 자신의 프로젝트를 공유하게 하세요(0단원 평가 그룹 활동). 학생들의 프로젝트를 10개의 블록 스튜디오나 학급 스튜디오에 추가할 수 있습니다.

학생들이 디자인 저널 작성이나 모둠 토의에서 학습 질문에 대한 답을 함으로써 디자인 과정을 되돌아보게 하세요.

학습 준비물

- 10개의 블록 학습지(워크북 36~37쪽)
- 10개의 블록 스튜디오
  http://scratch.mit.edu/studios/1323556

학습 질문

* 10개의 블록만 사용하니까 무엇이 어려웠나요?
* 10개의 블록만 사용하니까 무엇이 쉬웠나요?
* 왜 그렇게 생각했나요?

학습 검토

* 프로젝트 안에 모두 10개의 블록이 포함되어 있나요?
* 제한 조건 안에서 프로그램 만들기에 대한 학생들의 반응은 어떠한가요? 이 활동에서 학생들이 어떻게 배우는지 알 수 있나요?

노트

10개의 블록으로 많은 일을 할 수 있다는 것은 놀랍습니다. 학생들에게 친구들 앞에서 프로젝트를 발표하게 하거나, 10개의 블록 스튜디오 안에서 다른 프로젝트를 탐색하여 서로의 창의성을 칭찬하고 다른 친구의 아이디어를 격려하도록 해 주세요.

개인 노트

10개의 블록으로 어떤 스크래치 프로그램을 만들 수 있을까요?

10개의 블록만을 이용하여 프로젝트를 만들어 보세요. 각 블록을 한 번, 두 번, 여러 번 사용해도 됩니다. 그리고 각각의 블록을 적어도 한 번씩은 꼭 사용해야 합니다.

- x: 0 y: 0 로 이동하기
- 1 초 동안 x: 120 y: 0 으로 움직이기
- 안녕! 을(를) 2 초동안 말하기
- 보이기
- 숨기기
- 크기를 100 % 로 정하기
- meow 끝까지 재생하기
- 이 스프라이트를 클릭했을 때
- 1 초 기다리기
- 10 번 반복하기

시작하기

1. 각각의 블록을 실험하면서 아이디어를 테스트하세요.
2. 다양한 방법으로 블록을 섞고 짝을 맞추세요.
3. 여러 번 반복하세요.

문제가 있나요? 괜찮아요! 이 방법대로 따라해 보세요.

- 다른 블록을 결합해 보면서 아이디어를 테스트하세요. 재미있는 것을 만들 때까지 블록을 섞고 조립해 보세요.
- 옆 사람과 아이디어 브레인스토밍을 해 보세요.
- 다른 프로젝트를 탐색하면서 주변 친구들이 스크래치로 무엇을 만들었는지 살펴보세요. 이 활동은 창의성과 아이디어를 발견하는 훌륭한 방법이 될 수 있어요.

마무리하기

- 여러분의 프로젝트를 10개의 블록 스튜디오에 추가하세요.
  http://scratch.mit.edu/studios/1323556
- 다른 스프라이트, 모양, 배경으로 즐겨 보세요.
- 스스로 더 나아지도록 도전하세요. 10개의 블록으로 여러분이 만들 수 있는 프로젝트가 얼마나 많은지 알아보세요.
- 친구들과 프로젝트를 교환하고 각각의 창작물을 조합해 보세요.

UNIT 1 ACTIVITY

04 | 나의 스튜디오

활동 시간
15~30분

학습 목표 이 활동을 끝내면 학생들은

- 스크래치 웹사이트에서 수백만 개의 프로젝트 중 일부를 탐색하면서 스크래치의 창의적 가능성을 알 수 있다.
- 스크래치 스튜디오 안에 3개 이상의 프로젝트를 관리할 수 있다.

학습 활동

새로운 스튜디오를 어떻게 만드는지 시범을 보이거나 학생들을 안내하기 위해 나의 스튜디오 학습지를 사용할 수 있습니다.

필요하면 학습 자원 링크를 사용하여 아이디어를 주는 스튜디오 예시를 보여 주세요. 스크래치 홈페이지에 있는 스크래치 프로젝트를 둘러보고 탐험하기(Explore) 페이지를 사용하여 재미있는 프로그램을 찾도록 10분의 시간을 주세요.

학생들에게 프로젝트의 바탕이 되고 아이디어를 주는 데 사용할 수 있는 3개 이상의 스크래치 프로젝트를 찾도록 하세요. 학생들이 내 작업실(My Stuff) 페이지에서 새로운 스튜디오를 만들고 그 스튜디오에 아이디어를 주는 프로젝트를 추가하도록 도와주세요.

학생들끼리 아이디어를 주는 프로그램을 찾아내는 방법을 공유하게 하세요. 짝 공유(pair-share) 활동을 제안하세요. 학생들이 짝과 함께 스튜디오를 공유하고 검색 전략을 토의하게 하세요.

학생들이 디자인 저널 작성이나 모둠 토의에서 학습 질문에 대한 답을 함으로써 디자인 과정을 되돌아보게 하세요.

노트

- 만약 학생들이 개인 스크래치 계정을 가지고 있지 않다면, 학생들이 관리할 수 있는 학급 스튜디오를 만드세요.
- 다양한 스튜디오가 만들어질 수 있습니다. 학생들은 테마나 주제가 비슷한 스크래치 프로젝트를 모을 수 있는데, 이것은 학생들이 만들거나 모으려고 하는 프로그램으로서 앞으로의 작품에 들어갈 기술과 자원이 포함된 것입니다.

학습 준비물

- 나의 스튜디오 학습지(워크북 38~39쪽)
- 예시 스튜디오
  http://scratch.mit.edu/studios/1413842
  http://scratch.mit.edu/studios/1413858
  http://scratch.mit.edu/studios/1413874
  http://scratch.mit.edu/studios/1413880

학습 질문

* 흥미 있는 프로젝트를 발견하기 위해 여러분이 사용한 방법은 무엇인가요?
* 예시 프로젝트는 앞으로의 작품에 어떤 도움을 줄 수 있을까요?
* 아이디어를 주는 소스의 출처를 밝히는 것은 중요합니다. 다른 프로젝트로부터 받은 아이디어에 대해 어떻게 출처를 밝힐 수 있을까요?

학습 검토

* 스튜디오 안에 3개 이상의 프로젝트가 있나요?
* 이러한 프로젝트를 통해 학생들이 어떤 디자인에 관심이 있는지 알 수 있나요?

개인 노트

스크래치로 무엇을 만들 수 있나요?

이 활동에서, 스크래치 웹사이트에 있는 수백만 개의 프로젝트 중 일부를 탐색하면서 스크래치의 창의적 가능성이 무척 많다는 것을 알게 됩니다. 그리고 스크래치 스튜디오 안에 여러분이 좋아하는 프로그램을 수집해 볼 것입니다.

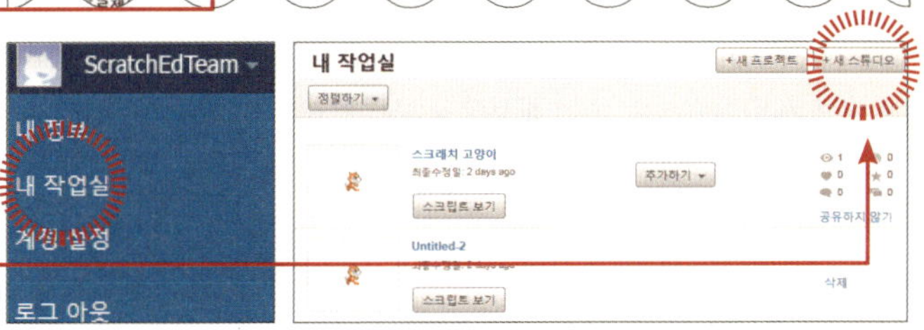

시작하기

1. 스크래치 홈페이지에 있는 프로젝트를 살펴보거나 특별한 타입의 프로젝트를 찾기 위해 '탐험하기' 메뉴를 클릭하세요.
2. 여러분의 '내 작업실' 페이지에 새로운 스튜디오를 만드세요.
3. 여러분의 스튜디오에 3개 이상의 아이디어를 주는 프로젝트를 추가하세요.

도전해 보기

- 관심 있는 프로젝트를 찾기 위해 검색창(search bar)을 이용하세요.
- '탐험하기'에 있는 애니메이션, 예술, 게임, 음악, 이야기 카테고리를 탐색하세요.
- 아이디어를 얻기 위해 홈페이지의 주요 스튜디오를 살펴보세요.

마무리하기

- 스스로 더 발전하도록 도전하세요. 프로젝트를 많이 탐색할수록 스크래치로 더 많은 것을 이룰 수 있습니다.
- 다른 사람들이 만든 스튜디오 중에서 흥미 있는 스튜디오를 찾아보세요.
- 재미있는 프로젝트를 찾기 위한 좋은 방법을 주변 사람들에게 물어보세요.
- 여러분의 새로운 스튜디오를 주변 사람들과 공유하세요.

UNIT 1 ACTIVITY

05 | 디버깅하기

활동 시간
15~30분

학습 목표

이 활동을 끝내면 학생들은

- 5가지 '디버깅하기' 도전 과제에서 문제를 조사하고 해결점을 찾을 수 있다.
- '테스팅(시험)하기'와 '디버깅하기' 실습을 통해 개념들(시퀀스를 포함한)의 사용 범위를 탐색할 수 있다.
- '디버깅하기' 프로젝트를 위한 전략 목록을 개발할 수 있다.

학습 활동

이번 활동에서 학생들을 안내하기 위해 '1단원 디버깅하기' 학습지를 사용할 수 있습니다

학생들이 '1단원 디버깅하기' 스튜디오에 실려 있는 프로젝트 링크를 따라 프로그램을 열 수 있도록 도와주세요. 학생들이 '프로젝트 내부 보기' 버튼을 눌러 문제가 있는 코드를 손보고 가능한 해결책을 시험하기 위해 오류가 있는 프로그램을 조사하도록 격려해 주세요.

학생들이 각각의 '디버깅하기' 도전 과제를 시험하고 수정하기 위한 시간을 주세요. 학생들이 오류를 해결하고 수정한 프로그램을 저장하기 위해 스크래치에서 리믹스(remix) 기능을 사용하도록 하세요.

학생들이 디자인 저널 작성이나 모둠 토의에서 학습 질문에 대한 답을 함으로써 디자인 과정을 되돌아보게 하세요.

학생들이 해결한 문제와 문제 해결 접근법을 모아 '디버깅하기' 전략의 학급 목록을 만드세요.

학습 준비물

- 1단원 디버깅하기 학습지(워크북 40~41쪽)
- 1단원 디버깅하기 스튜디오
  http://scratch.mit.edu/studios/1323616

학습 질문

* 오류가 무엇이었나요?
* 오류를 어떻게 규정하였나요?(확인하였나요?)
* 어떻게 그 오류를 해결하였나요?
* 그 오류를 해결하기 위한 다른 사람들의 대안이 있었나요?

학습 검토

* 학생들은 5가지 오류를 해결하였나요? 해결하지 못한 프로그램에 나타난 개념들을 어떻게 설명할 것인가요?
* 학생들이 사용한 다른 '테스팅하기'와 '디버깅하기' 전략은 무엇인가요?

노트

- 이 활동은 모둠 활동에 효과적입니다. 학생들 2~4명을 한 모둠으로 만들어 함께 문제를 해결하고 '디버깅하기' 전략을 공유하도록 하세요.
- '테스팅하기'와 '디버깅하기'는 프로그래머들의 가장 일반적인 활동입니다. 프로그램 개발은 계획처럼 되지 않기 때문에, '테스팅하기'와 '디버깅하기' 전략을 개발하는 것은 창작자에게 유익합니다.

개인 노트

도와주세요! 다음 5개의 스크래치 프로그램에서 오류를 수정할 수 있나요?

이곳에서 여러분은 5개의 오류가 있는 '디버깅하기' 도전 문제를 알아보고, 해결 방법을 찾는 활동을 하게 됩니다.

시작하기

1. '1단원 디버깅하기' 스튜디오로 가세요.
   http://scratch.mit.edu/studios/1323616
2. 스튜디오 안에 있는 5개의 디버깅 과제를 시험하고 수정하세요.
3. 해결 방법을 적거나 해결 방법에 따라 오류 프로그램을 재구성하세요.

디버깅 1.1 http://scratch.mit.edu/projects/67634530

초록색 깃발을 클릭했을 때, 고보와 스크래치 고양이는 둘 다 춤추기 시작해야 합니다. 그러나 스크래치 고양이만 춤추기 시작합니다. 어떻게 수정할 수 있을까요?

디버깅 1.2 http://scratch.mit.edu/projects/67636752

초록색 깃발을 클릭했을 때, 스크래치 고양이는 무대의 왼쪽에서 무언가를 말하면서 오른쪽으로 움직여야 합니다. 첫 번째 초록색 깃발을 클릭하면 잘되지만 반복해서 되지 않습니다. 어떻게 이 프로그램을 수정할 수 있을까요?

디버깅 1.3 http://scratch.mit.edu/projects/67638598

스크래치 고양이는 스페이스 키를 누르면 뒤집어져야 합니다. 그러나 스페이스 키를 눌렀는데도 아무 일도 일어나지 않습니다. 어떻게 수정할 수 있을까요?

디버깅 1.4 http://scratch.mit.edu/projects/67639058

스크래치 고양이가 무대를 가로질러 왔다 갔다 해야 합니다. 그러나 스크래치 고양이는 뒤집혀서 거꾸로 걷고 있습니다. 어떻게 수정할 수 있을까요?

디버깅 1.5 http://scratch.mit.edu/projects/67639810

초록색 깃발을 클릭했을 때 스크래치 고양이의 말풍선에 "야옹, 야옹, 야옹"이 뜨고 소리가 나야 합니다. 그러나 소리가 나기 전에 말풍선이 먼저 뜨고 스크래치 고양이는 "야옹"한 번만 소리를 냅니다. 어떻게 수정할 수 있을까요?

문제가 있나요? 괜찮아요! 이 방법대로 따라해 보세요.

- 프로그램에서 발견한 오류 목록을 작성하세요.
- 여러분의 작업을 계속 확인하세요. 이것은 여러분이 이미 무엇을 시도하였고 다음에 무엇을 시도해야 할지 기억하는 데 유용합니다.
- 필요한 것을 발견할 때까지, 문제 발견과 문제 해결 방법에 대해 주변 사람들과 공유하고 비교하세요.

마무리하기

- 여러분의 짝과 함께 '테스팅하기'와 '디버깅하기' 실습을 토의하세요. 여러분의 전략과 비슷한 점이나 다른 점을 기록하세요.
- 스크립트 안의 블록 위에서 오른쪽 마우스를 클릭하여 댓글을 추가하세요. 이것은 다른 사람이 여러분의 프로그램에서 다른 부분을 이해하는 데 도움을 줍니다.
- 주변 친구들을 도와주세요.

UNIT 1 ACTIVITY

06 | 나에 대하여

활동 시간 45~60분

학습 목표

이 활동을 끝내면 학생들은

- 다양한 카테고리의 스크래치 블록과 친숙해질 수 있다.
- 학생들은 개인적인 관심을 상호작용적인 디지털로 표현하여 제한이 없는 스크래치 프로그램을 만들 수 있다.

학습 활동

학생들에게 상호작용적인 콜라주 스크래치 프로젝트의 개념을 소개하세요. 클릭할 수 있는 스프라이트를 통해 학생들 자신의 모습을 표현하게 합니다. '나에 대하여' 스튜디오에서 상호작용적인 프로젝트 샘플을 보여 주세요.

학생들이 스크래치 계정에 로그인하고 새로운 프로젝트를 열도록 해 주세요. '나에 대하여' 학습지와 스크래치 카드를 활동 안내를 위해 사용할 수 있습니다. 학생들에게 상호작용적인 콜라주 '나에 대하여' 스크래치 프로젝트를 만들도록 시간을 주고, 실험과 반복을 통해 프로그램을 만들도록 격려하세요.

학생들이 친구들과 진행 중인 작업을 공유하도록 허락하세요. 우리는 짝 공유 활동을 제안합니다. 학생들이 짝과 나누기 활동을 통해 프로젝트를 의논하고 공유하도록 하세요. 학생들이 '나에 대하여' 스튜디오나 학급 스튜디오에 프로젝트를 추가하도록 참여시키세요.

학생들이 디자인 저널 작성이나 모둠 토의에서 학습 질문에 대한 답을 함으로써 디자인 과정을 되돌아보게 하세요.

노트

- 샘플 프로젝트는 아이디어를 주는 동시에 두려움을 줄 수 있는데, 창의적인 공간을 열면서 동시에 창의적인 공간을 제한하기도 합니다. 창의성과 다양성의 영역을 넓히도록 격려하세요.
- 학생들은 카메라나 웹캠을 사용하여 찍은 이미지를 프로젝트에 추가함으로써 자신만의 프로젝트를 만들 수 있습니다.

학습 준비물

- 나에 대하여 학습지(워크북 42~43쪽)
- 나에 대하여 스튜디오
  http://scratch.mit.edu/studios/1323770
- 스크래치 카드
  http://computing.or.kr/scratch

학습 질문

* 나 자신에 대해 가장 자랑스러운 점은 무엇이며 그 이유는 무엇인가요?
* 프로그램이 진전되지 않았을 때 여러분은 어떻게 했나요?
* 다음에는 무엇을 만들고 싶나요?
* 다른 사람의 '나에 대하여' 프로젝트를 보고 무엇을 발견했나요?

학습 검토

* 프로젝트에서 스프라이트, 모양, 형태, 배경, 소리를 창의적으로 사용했나요?
* 프로젝트는 상호작용적인가요? 사용자들은 프로젝트 안에서 다양한 요소와 함께 상호작용할 수 있나요?

개인 노트

나를 소개하는 스크래치 프로그램에서 상호작용하는 장면을 만들기 위해 재미있는 이미지와 소리를 어떻게 사용하고 결합할 수 있을까요?

상호작용하는 스크래치 프로젝트를 만들기 위해 소리, 형태, 배경, 모양, 스프라이트로 실험해 보세요. 그 프로젝트는 다른 사람들이 여러분과 여러분의 아이디어, 여러분의 활동, 여러분이 관심 있어 하는 사람들에 대해 더 많이 알 수 있도록 해 줍니다.

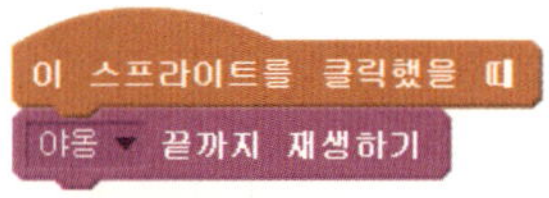

시작하기

1. 스프라이트를 만드세요.
2. 컴퓨터와 상호작용하도록 만드세요.
3. 여러 번 바꾸어 반복하세요.
4. 여러분의 스프라이트가 상호작용하도록 만드세요. 스프라이트가 클릭이나 키 누르기 그리고 더 많은 것들과 반응하도록 스크립트를 추가하세요.

사용할 블록들

도전해 보기

- 스프라이트의 형태가 변하도록 모양을 사용하세요.
- 다른 배경을 만드세요.
- 여러분의 프로젝트에 소리를 추가해 보세요.
- 스프라이트를 움직이도록 명령을 추가해 보세요.

마무리하기

- '나에 대하여' 스튜디오 안에 여러분의 프로젝트를 추가하세요.
  http://scratch.mit.edu/studios/1323770
- 도전하세요. 새로운 블록, 소리, 동작으로 즐기세요.
- 주변 친구들을 도와주세요.

현재 학습 단계

0 1 **2** 3 4 5 6

학습 내용

UNIT 2

애니메이션

UNIT 2 SUMMARY

단원 개관

01 빅 아이디어

스크래치 온라인 커뮤니티에는 600만 개 이상의 애니메이션, 스토리, 게임 등이 공유되고 있습니다. 많은 창작물을 다양하게 보여 주고 제시하는 것이 이 책의 목표입니다. 이 책은 학생들에게 프로젝트를 완성하기 위해서 한 가지의 답만 있는 도전 과제를 제시하는 것을 피하고, 자신만의 것으로 만들 수 있는 기회를 제공할 것이며, 학생들이 다양한 장르의 프로젝트를 만들 수 있도록 도울 것입니다. 이번 단원에서는 애니메이션과 미술 그리고 음악에 초점을 맞추어 다양한 프로젝트를 진행해 보겠습니다.

스크래치에서 창의성과 다양성은 학생들에게 매우 중요한 부분입니다. 몇 명의 학생들에게 "만약 여러분의 친구에게 스크래치가 무엇인지 설명한다면, 어떻게 설명할 건가요?" 하고 물어보았습니다.

학습 목표

학생들은

- 반복하기, 이벤트, 병렬의 컴퓨팅 사고 개념을 배우게 될 것입니다.
- 시퀀스라는 개념에 더 친숙해질 것입니다.
- 이벤트, 제어, 소리, 형태 카테고리에 있는 새로운 블록을 경험해 보게 될 것입니다.
- 다양한 예술 분야의 스크래치 프로그램을 탐험하게 될 것입니다.
- 애니메이션 뮤직비디오 프로젝트를 만들게 될 것입니다.

주제어, 개념, 실습

- 반복하기
- 이벤트
- 병렬
- 제어
- 방송하기
- 스크립트
- 프레젠테이션 모드
- 비트맵
- 벡터
- 애니메이션
- 갤러리 워크

노트

이 단원의 여러 활동에는 소리와 음악 요소가 포함되어 있습니다. 학생들에게 손쉽게 이용할 수 있는 헤드폰이나 이어폰을 가지고 오도록 해 주세요.

02 여러분만의 모험을 선택하세요

스크래치에서 프로그래밍은 연극 연출과 같습니다. 연극처럼 스크래치에는 캐릭터(스크래치 용어로 스프라이트), 의상, 배경, 대본(스크립트), 무대가 있습니다. 스크래치 프로그래밍은 한 프로젝트에서 어떤 것이 발생할 때의 신호인 '이벤트'라 불리는 단서를 활용합니다. 예를 들면, 프로젝트 시작(초록색 깃발 클릭할 때), 스프라이트의 행동 시작(스프라이트를 클릭할 때), 스프라이트나 배경에 방송하기와 같은 것이 있습니다.

스크래치 프로그래밍을 연극에 비유한 김에 이번 단원의 활동에서는 학생들이 궁극적으로 자기만의 뮤직비디오를 디자인함으로써 반복하기, 이벤트, 병렬의 컴퓨팅 사고의 개념을 탐구하도록 구성하였습니다.

03 학습 경로

세션 1	세션 1	세션 2	세션 3	세션 4	세션 4, 5
스크립트 수행	**밴드 만들기**	**주황색 사각형과 보라색 원**	**살아 있네!**	**디버깅하기**	**뮤직비디오 만들기**
서로 다른 스크래치 블록과 스크립트를 움직이며 스프라이트의 일부를 움직여 보세요.	상호작용이 있는 악기를 만들어 자기만의 뮤지컬 그룹을 만들어 보세요.	주황색 사각형과 보라색 원이 포함된 프로젝트를 만들려면 어떻게 해야 할까요?	움직이게 할 수 있을까요? 그림에 생기를 불어넣기 위해 다양한 모양들을 시도해 볼 수 있어요.	도와주세요! 5개의 스크래치 프로그램의 오류를 수정할 수 있을까요?	음악이 있는 애니메이션을 결합해 나만의 스크래치 뮤직비디오를 만들 수 있을까요?

UNIT 2 ACTIVITY

01 | 스크립트 수행

활동 시간 30~45분

학습 목표

이 활동을 끝내면 학생들은

- 이벤트(어떤 일이 일어나는 원인이 되는)와 병렬(같은 시간에 일어나는 일)을 배울 수 있다.
- 이벤트가 무엇인지 알고, 그것이 스크래치에서 어떻게 작동하는지 설명할 수 있다.
- 병렬이 무엇인지 알고, 그것이 스크래치에서 어떻게 작동하는지 설명할 수 있다.

학습 활동

프로젝터가 있다면, 컴퓨터를 연결하고 스크래치를 열어 블록과 스크립트가 작동하는 것을 보여 줍니다.

두 명의 학생을 뽑습니다.

교사가 두 명의 학생에게 스크래치 프로그램이나 관련 블록 교구를 사용하여 여러 가지 프로그래밍 명령을 수행하도록 합니다.

- 첫 번째 학생은 '방을 가로지르기'와 같은 어떠한 한 가지 명령을 하게 합니다.
- 첫 번째 학생이 '리셋(reset)'을 하도록 합니다.
- 첫 번째 학생이 두 가지 명령을 동시에 수행하도록 합니다(예를 들어, '방을 가로질러 걸으며 말하기').
- 두 번째 학생이 첫 번째 학생과는 관련 없는 별개의 '말하기'와 같은 명령을 동시에 수행하도록 합니다.
- 두 번째 학생이 '말하기'를 하다가 첫 번째 학생에게 반응하는 명령을 수행하도록 합니다.

오른쪽의 학습 질문을 사용하여 이벤트와 병렬의 개념에 대해 모둠 토의를 함으로써 경험한 것을 되돌아보게 하세요.

학습 준비물

- 스크립트 수행 학습지(워크북 50~51쪽)
- 프로젝터(선택 사항)
- 실제 스크래치 블록(선택 사항)

학습 질문

* 동작이 실행되게 하는 다른 방법은 무엇입니까?
* 스크래치에서 이벤트를 수행할 수 있는 방법은 무엇입니까?
* 어떤 일을 동시에 일어나게 하는 다른 방법은 무엇입니까?
* 스크래치에서 병렬을 가능하게 하는 방법은 무엇입니까?

학습 검토

학생들이 스크래치에서 이벤트와 병렬이 무엇이며 그것들이 어떻게 작동하는지 설명할 수 있나요?

노트

- 이 활동에서는 '리셋(reset)'의 개념이 강조되는데, 이는 스크래치 사용자들이 초보 단계에서 이해하기 어려워하는 부분입니다. 만약 학생들이 특정 위치에서 특정한 형태로 시작하길 원한다면 이 설정 단계를 프로그래밍하는 데 필요한 기능을 완벽하게 이해할 필요가 있습니다.
- 이 활동은 '방송하기', '~을(를) 받았을 때'를 설명하는 데 유용할 것입니다.

개인 노트

스프라이트를 어떻게 움직이게 할 수 있을까요?

UNIT 2 ACTIVITY

02 | 밴드 만들기

활동 시간
30~45분

학습 목표

이 활동을 끝내면 학생들은
- 스프라이트 간에 상호작용이 결합되어 재미있는 소리가 나는 프로그램을 만들 수 있다.
- 시퀀스, 반복하기, 이벤트, 병렬을 훨씬 더 잘 알 수 있다.
- 반복 연습을 통해 프로젝트 창작품을 만들 수 있다.

학습 활동

선택적으로 '밴드 만들기' 스튜디오 예시 자료를 보여 주고 학생들에게 도움이 될 만한 '밴드 만들기' 학습지를 나누어 줍니다.

학생들에게 스프라이트와 소리가 짝이 되게 하여 상호작용하는 악기를 창의적으로 만들 시간을 줍니다. 학생들이 소리 카테고리에 있는 블록을 탐색해 보거나 사운드 탭에 있는 편집 도구를 사용하여 스크래치에서 소리를 표현해 보도록 격려합니다.

학생들이 밴드를 서로 보여 주거나 학급 친구들의 악기와 상호작용하며 다각도로 살펴보게 합니다. 학생들이 프로젝트를 프레젠테이션 화면 모드로 놓고 다른 사람들의 프로젝트를 서로 탐색할 수 있도록 합니다. 학생들은 제작한 프로젝트를 밴드 만들기 스튜디오나 반 스튜디오에 추가할 수 있습니다.

학생들이 디자인 저널 작성이나 모둠 토의를 통해 학습 질문에 답하게 하여 제작 과정을 다시 한 번 생각할 수 있도록 합니다.

학습 준비물

- 밴드 만들기 학습지(워크북 52~53쪽)
- 밴드 만들기 스튜디오
  http://scratch.mit.edu/studios/1323884

학습 질문

* 처음으로 한 것은 무엇입니까?
* 다음으로 한 것은 무엇입니까?
* 마지막으로 한 것은 무엇입니까?

학습 검토

* 창의적인 방법으로 소리를 사용하여 프로젝트를 만들었습니까?
* 프로젝트의 스프라이트에 상호작용이 있습니까?

노트

전체 집단이 공유하기 위해, 교실 밴드의 형태로 학생들이 악기를 함께 실행할 수 있도록 합니다.

개인 노트

여러분이 가장 좋아하는 스타일의 밴드를 만들기 위해 스크래치를 어떻게 활용할 수 있습니까?

이 활동에서 여러분은 상호작용하는 악기를 디자인하여 소리가 나게 하고, 그 스프라이트를 사용하여 아이디어가 있는 스크래치 프로그램을 만들게 될 것입니다.

시작하기

1 스프라이트를 만듭니다.

2 소리 블록을 추가합니다.

3 상호작용하는 악기를 만들기 위한 방법을 시행해 봅니다.

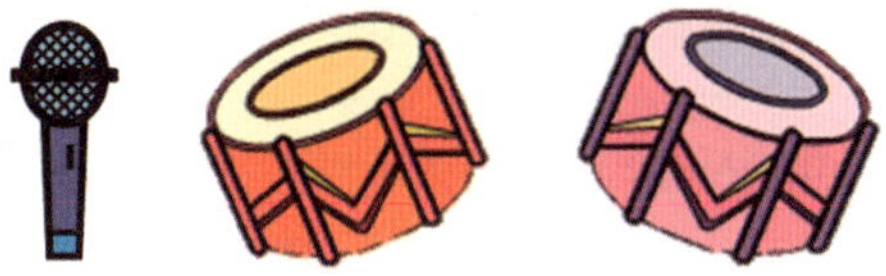

스프라이트 저장소에서 악기를 선택하거나
자신만의 악기를 만들도록 하세요.

도전해 보기

- 소리를 한 번 이상 연주하기 위해 반복하기 블록을 사용합니다.
- 여러분만의 소리를 직접 녹음하거나 외부에서 불러오기를 하여 소리 편집기로 작업해 봅시다.
- 박자 블록을 사용해 리듬을 빠르게 또는 느리게 해 봅니다.

마무리하기

- 밴드 만들기 스튜디오에 여러분의 프로젝트를 추가하세요.
  http://scratch.mit.edu/studios/1323884
- 좀 더 나은 밴드를 만들기 위해 노력하세요.
- 여러분만의 소리를 녹음하고 새로운 악기를 만드세요.
- 주변 친구들을 도와주세요.

UNIT 2 ACTIVITY

03 | 주황색 사각형과 보라색 원

활동 시간
30~45분

학습 목표

이 활동을 끝내면 학생들은
- 예술을 주제로 한 작품을 완성함으로써 창의성을 표현할 수 있다.
- 형태 블록과 그림판을 더 능숙하게 사용할 수 있다.

학습 활동

주황색 사각형과 보라색 원 스튜디오에서 샘플 프로젝트를 보여 주고, 주황색 사각형과 보라색 원 학습지를 학생들에게 나누어 줍니다.

학생들에게 주황색 사각형과 보라색 원을 포함한 프로젝트를 만들 시간을 줍니다. 학생들은 자신의 예술적 능력을 알아보기 위해 형태 블록과 그림판을 활용할 수 있습니다.

학생들이 자신의 창의적 작품을 다른 사람과 공유하도록 격려합니다. 학생들이 프로젝트를 프레젠테이션 화면 모드로 놓고 다른 사람들의 프로젝트를 서로 탐색할 수 있도록 합니다. 학생들이 프로젝트를 주황색 사각형, 보라색 원 스튜디오나 학급 스튜디오에 추가할 수 있도록 합니다.

학생들이 디자인 저널 작성이나 모둠 토의를 통해 학습 질문에 답하게 하여 제작 과정을 다시 한 번 생각해 보도록 합니다.

학습 준비물

- 주황색 사각형과 보라색 원 학습지(워크북 54~55쪽)
- 주황색 사각형과 보라색 원 스튜디오
  http://scratch.mit.edu/studios/475527

학습 질문

* 주황색 사각형과 보라색 원을 여러분의 프로젝트에 어떻게 사용했나요? 아이디어는 어디에서 얻었나요?
* 이 활동에서 어떤 것을 시도해 보았나요?
* 이 활동을 통해 새롭게 발견한 것은 무엇인가요?

학습 검토

주황색 사각형과 보라색 원을 포함한 프로젝트를 만들 수 있나요?

노트

- 학생들에게 메뉴의 도움말 창을 열면 특정한 블록 또는 스크래치 프로그램의 다른 영역을 더 배울 수 있다는 것을 알려 주세요.
- 스크래치는 비트맵과 벡터 그래픽의 지원을 받습니다. 학생들에게 그림판에 있는 벡터 모드와 비트맵 모드 버튼을 알려 주어 다른 방식의 그림과 글씨를 만들 수 있도록 도와주세요.

개인 노트

여러분은 주황색 사각형과 보라색 원을 이용하여 어떤 프로젝트를 만들 수 있습니까?

이번 활동에서 주황색 사각형과 보라색 원을 포함한 프로젝트를 만들 것입니다. 여러분은 무엇을 만들겠습니까?

시작하기

1 그림판을 사용하여 스프라이트를 그리세요.

2 여러분의 스프라이트에 다양한 형태 블록과 동작 블록을 추가하세요.

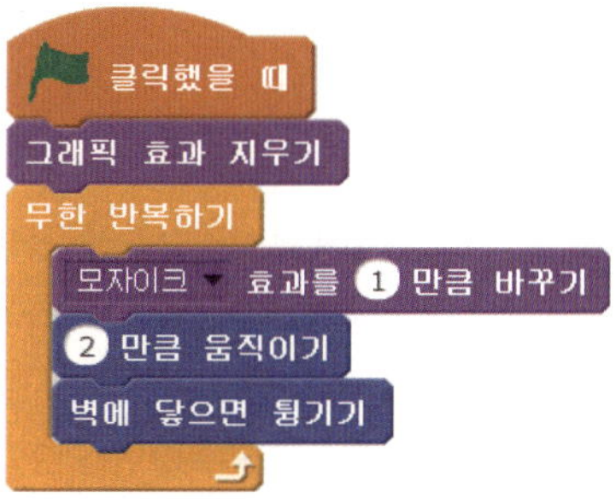

3 반복하세요.

문제가 있나요? 괜찮아요! 이 방법대로 따라해 보세요.

- 친구들과 함께 브레인스토밍해 보세요.
- 스크래치 프로젝트를 만들기 전에 여러분이 하고 싶은 목록을 작성하세요.
- 다른 사람들이 만든 것을 보고 새로운 프로젝트를 구상해 보세요. 생각을 떠올리는 데 좋은 방법이 될 것입니다.

마무리하기

- 여러분의 프로젝트를 주황색 사각형과 보라색 원 스튜디오에 추가하세요.
  http://scratch.mit.edu/studios/1323922
- 그림판 오른쪽 아래에 있는 비트맵 모드와 벡터 모드의 차이점을 탐구해 보세요.
- 더 도전해 보세요. 다른 모양과 색을 추가하세요.
- 짝과 프로젝트를 바꾸어 보고 서로 다른 작품과 재조합해 보세요.
- 주변 친구들을 도와주세요.

UNIT 2 ACTIVITY

04 | 살아 있네!

활동 시간
30~45분

학습 목표

이 활동을 끝내면 학생들은
- 제어 블록을 탐구해 보면서 컴퓨팅 사고의 개념인 시퀀스와 반복을 잘 알 수 있다.
- 스프라이트와 모양의 차이점을 설명할 수 있다.
- 애니메이션 프로젝트 개발을 통해 실험하고 반복하는 것을 연습할 수 있다.

학습 활동

'살아 있네!' 스튜디오에서 샘플 프로젝트를 보여 주고, '살아 있네!' 학습지를 학생들에게 나누어 줍니다.

플립 북이나 클레이메이션 영화 같이 다른 그림을 추가하여 반복함으로써 애니메이션의 원리를 설명할 수 있습니다. 애니메이션을 만들기 위해 모양이나 배경을 바꿈으로써 학생들이 반복의 개념을 이해할 수 있도록 합니다.

학생들이 자신들의 작품을 공유하기 위해 다른 사람들을 초대하도록 합니다. 학생들이 프로젝트를 프레젠테이션 화면 모드로 해 놓고 자유롭게 다른 사람들의 프로젝트를 서로 탐색할 수 있도록 합니다. 학생들이 프로젝트를 '살아 있네!' 스튜디오나 학급 스튜디오에 추가할 수 있도록 합니다.

학생들이 디자인 저널 작성이나 모둠 토의를 통해 학습 질문에 응답하게 하여 제작 과정을 다시 한 번 생각할 수 있도록 합니다.

학습 준비물

- 살아 있네! 학습지(워크북 56~57쪽)
- 살아 있네! 스튜디오
  http://scratch.mit.edu/studios/1326784

학습 질문

* 스프라이트와 모양은 어떤 관계가 있나요?
* 애니메이션은 무엇이라고 생각하나요?
* 실제 생활에서 여러분이 반복하여 경험하는 것을 세 가지 정도 나열해 보세요(예를 들어, 매일 밤 잠을 자는 것).

학습 검토

* 주황색 사각형과 보라색 원을 포함한 프로젝트를 만들 수 있습니까? 학생들이 스프라이트와 모양을 구분할 수 있습니까?
* 몇몇 스크래치 사용자들은 애니메이션 프로젝트를 만드는 것과 스프라이트나 모양 또는 배경 그리기 등을 디자인하는 데 더 흥미를 가질 수 있습니다. 여러분은 어떻게 학생들이 프로젝트의 심미적인 부분과 기술적인 부분 모두에 관심을 가지도록 지도할 수 있을까요?

노트

- 스프라이트와 모양의 다른 점은 스크래치 사용자들에게 혼란을 줄 수 있습니다. 다양한 모양의 옷을 입는 배우에 비유한다면 그 차이점을 명확히 이해시키는 데 도움을 줄 수 있습니다.
- 학생들은 카메라나 웹캠을 사용하여 찍은 사진으로 자신만의 이미지를 만화화할 수 있습니다.

개인 노트

UNIT 2

여러분은 사진이나 그림을 어떻게 살아 있는 것처럼 만들 수 있나요?

이 활동에서 여러분은 모양을 바꾸는 것을 프로그래밍하여 스프라이트, 이미지 및 아이디어를 애니메이션으로 만드는 방법을 탐구할 것입니다.

시작하기

1. 스프라이트를 선택합니다.
2. 다른 모양을 추가합니다.
3. 살아 있는 이미지를 만들기 위해 블록을 추가합니다.
4. 여러 가지 다른 방법으로 반복합니다.

도전해 보기

- 애니메이션 아이디어를 플립 북처럼 종이에 먼저 스케치합니다.
- 여러분이 흥미 있는 것을 찾을 때까지 다른 블록과 모양을 탐색해 봅니다.
- 더 좋은 아이디어를 얻고 싶다면 스크래치 홈페이지(http://scratch. mit. edu/)에서 탐험하기 메뉴를 활용해 봅니다.

마무리하기

- 여러분의 프로젝트를 '살아 있네!' 스튜디오에 추가하세요. http://scratch.mit.edu/studios/1326784
- 여러분의 애니메이션이 좀 더 실제처럼 보이도록 프로젝트에 더 많은 특징을 추가하세요.
- 여러분의 프로젝트를 짝과 공유하고 디자인 과정을 보여 주세요.
- 애니메이션 프로젝트를 찾아보고, 재조합해 보세요.

UNIT 2 ACTIVITY

05 | 디버깅하기

활동 시간
15~30분

학습 목표

이 활동을 끝내면 학생들은

- 문제를 살펴보고, 5개의 디버깅하기 과제의 해결책을 찾을 수 있다.
- '테스팅하기'와 '디버깅하기' 연습을 통해 개념(시퀀스와 반복을 포함)의 범위를 탐구할 수 있다.
- 디버깅하기 프로젝트를 위한 일련의 전략을 발전시킬 수 있다.

학습 활동

이 활동을 하는 동안 도움이 될 수 있는 '디버깅하기' 학습지를 학생들에게 나누어 줍니다.

학생들이 '2단원 디버깅하기' 스튜디오나 '2단원 디버깅하기'에 있는 프로젝트의 링크를 따라 '디버깅하기' 프로젝트를 열 수 있도록 도와줍니다. 학생들이 '프로젝트 내부 보기' 버튼을 클릭하여 오류가 있는 프로그램을 조사하고, 문제가 있는 코드는 손보는 등 가능한 해결책을 적용해 볼 수 있도록 합니다.

학생들이 각각의 '디버깅하기' 도전 과제를 해결해 보고 수정할 시간을 줍니다. 학생들이 오류를 수정하고 올바른 프로그램으로 저장하기 위해 스크래치의 리믹스 기능을 사용하게 하세요.

학생들이 디자인 저널 작성이나 모둠 토의를 통해 학습 질문에 응답하게 하여 '테스팅하기'와 '디버깅하기' 경험을 다시 한 번 생각할 수 있도록 합니다.

학생들이 문제를 찾고 문제를 해결하는 방법을 모아서 학급 목록으로 만들어 보세요.

노트

'테스팅하기'와 '디버깅하기'의 새로운 전략으로 수행 스크립트를 설명하거나, 실제 학생들이 '디버깅하기' 프로그램들을 실행하도록 하여 학급 전체의 활동을 촉진하세요.

학습 준비물

- 2단원 디버깅하기 학습지(워크북 58~59쪽)
- 2단원 디버깅하기 스튜디오
  http://scratch.mit.edu/studios/1326806

학습 질문

* 오류는 무엇이었나요?
* 여러분은 오류를 어떻게 발견했나요?
* 여러분은 오류를 어떻게 해결했나요?
* 다른 사람들은 오류를 해결하기 위해 어떤 대안적인 접근 방법을 사용하였나요?

학습 검토

* 학생들이 5개의 오류가 있는 문제를 해결할 수 있었나요? 그렇지 않았다면, 여러분은 해결되지 않은 문제에 표현된 개념을 어떻게 설명할 수 있을까요?
* 학생들이 테스팅하고 디버깅하기 위해 사용한 전략에 어떤 차이가 있나요?

개인 노트

도와주세요! 다음 5개의 스크래치 프로그램에서 오류를 수정할 수 있나요?

이 활동에서 여러분은 다음 5개의 '디버깅하기' 문제에서 잘못된 점이 무엇인지 살펴보고, 해결 방법을 찾을 수 있습니다.

시작하기

1. '2단원 디버깅하기' 스튜디오를 방문하세요.
   http://scratch.mit.edu/studios/1326806
2. 스튜디오에 있는 5개의 '디버깅' 과제를 점검하고 오류를 해결해 보세요.
3. 여러분의 해결책을 적거나 그에 따라 오류 프로그램을 재구성하세요.

디버깅 2.1 http://scratch.mit.edu/projects/67785926

여러분이 스크래치 고양이를 클릭하면, 드럼 연주가 나오면서 고양이가 춤을 추어야 합니다. 하지만 고양이가 춤을 추다가 곧 멈추는데, 드럼 소리는 계속됩니다. 어떻게 이 문제를 해결할 수 있을까요?

디버깅 2.2 http://scratch.mit.edu/projects/67785388

초록색 깃발을 누르면 피코가 나노 쪽으로 움직입니다. 피코가 나노에게 다가갔을 때, 피코는 "쳤다! 네 차례야!"라고 말하고 나노는 "내 차례야!"라고 말해야 합니다. 하지만 피코는 나노에게 아무 말도 하지 않습니다. 어떻게 이 문제를 해결할 수 있을까요?

디버깅 2.3 http://scratch.mit.edu/projects/67784804

이 프로젝트는 웃는 얼굴을 그리도록 프로그래밍되어 있습니다. 하지만 그림이 그려지지 말아야 하는데도 한 눈에서 웃음으로 이어질 때 계속해서 그림이 그려집니다. 어떻게 이 문제를 해결할 수 있을까요?

디버깅 2.4 http://scratch.mit.edu/projects/67784292

초록색 깃발을 누르면 꽃이 그려지는 애니메이션이 만들어지는데, 꽃이 활짝 피면 멈추어야 합니다. 하지만 모든 꽃이 피어 멈추어야 하는데, 애니메이션은 계속 다시 반복됩니다. 어떻게 이 문제를 해결할 수 있을까요?

디버깅 2.5 http://scratch.mit.edu/projects/67783140

초록색 깃발을 누르면 생일 축하 노래가 연주됩니다. 노래가 끝나면, "나를 클릭해서 촛불을 끄세요"라는 설명을 해 줍니다. 하지만 설명은 생일 축하 노래가 끝날 때 나오는 것이 아니라 생일 축하 노래가 나오는 동안 보여집니다. 어떻게 이 문제를 해결할 수 있을까요?

문제가 있나요? 괜찮아요! 이 방법대로 따라해 보세요.

- 이 프로그램에서 발생하는 오류의 목록을 만드세요.
- 작업을 계속 기록하세요. 여러분이 이미 무엇을 했는지 그리고 앞으로 해야 할 것이 무엇인지 생각하는 데 유용할 것입니다.
- 문제 발견과 문제를 해결하는 처리 방식을 친구들과 공유하고 비교하세요.

마무리하기

- 여러분의 스크립트에서 블록을 오른쪽 클릭하고 댓글을 추가하세요. 이 댓글은 다른 사람들이 여러분 프로그램에서 다른 부분을 이해하는 데 도움을 줄 수 있습니다.
- '테스팅하기'와 '디버깅하기' 연습을 짝과 의논하고, 여러분의 전략과 비슷한 점과 다른 점이 무엇인지 기록하세요.

UNIT 2 ACTIVITY

06 | 뮤직비디오 만들기

활동 시간
45~60분

학습 목표

이 활동을 끝내면 학생들은

- 뮤직비디오 프로젝트를 만들기 위해 자기 주도적으로 참여하여 애니메이션과 음악이 결합된 프로젝트를 만들 수 있다.
- 스프라이트, 모양 블록, 소리 블록을 익숙하게 사용할 수 있다.

학습 활동

학생들에게 스크래치에서 애니메이션과 음악이 결합된 뮤직비디오를 만들 아이디어를 소개해 주세요. 학생들에게 뮤직비디오 스튜디오에서 몇 가지 프로젝트 샘플을 찾아 보여 줄 수도 있습니다.

학생들에게 뮤직비디오 학습지를 사용하고 프로젝트를 작업할 시간을 충분히 주세요. 프로젝트 페이지의 '기록 및 기여자' 칸에 다른 사람의 아이디어, 음악, 코드를 사용한 것에 대한 내용을 기록하게 하세요.

학생들이 프로젝트를 발전시키는 동안 피드백을 주고받을 수 있도록 도와주세요. 피드백을 위해 중간에 잠시 멈추고 작업 상황을 친구나 평가 그룹과 공유하도록 하세요. 뮤직비디오 스튜디오나 학급 스튜디오에 학생들의 프로젝트를 추가하게 하세요.

학생들이 디자인 저널 작성이나 모둠 토의를 통해 학습 질문에 답하게 하여 제작 과정을 다시 한 번 생각할 수 있도록 하세요.

학습 준비물

- 뮤직비디오 만들기 학습지(워크북 60~61쪽)
- 뮤직비디오 스튜디오
  http://scratch.mit.edu/studios/1328834

학습 질문

* 어떤 과정이 힘들었나요? 어떻게 극복할 수 있었나요?
* 아직도 이해하지 못하는 것은 무엇인가요?
* 여러분이 사용한 다른 사람의 아이디어, 음악, 코드의 출처를 어떻게 나타내었나요?

학습 검토

* 이 프로젝트에서 스프라이트와 사운드를 결합했나요?
* 학생들이 이 프로젝트에서 어떤 부분을 움직이게 했나요?
* 학생들이 아직까지 설명하기 어려워하는 블록이나 개념이 있나요? 여러분은 어떻게 도와줄 수 있나요?

노트

- 나만의 프로젝트를 위해 소리 탭에 있는 기능을 사용하여 학생들이 좋아하는 노래나 자신들이 부른 노래, 악기 연주를 넣을 수 있도록 도와주세요.
- 이 활동을 하는 동안 재구성과 표절에 관한 질문이 생길 수 있습니다. 이번 기회에 출처에 대한 논의를 확실히 하기 위해 리믹싱에 대한 스크래치 FAQ를 이용하세요.
  http://scratch.mit.edu/help/faq/#remix

개인 노트

어떻게 음악과 애니메이션을 결합하여 여러분만의 훌륭한 스크래치 뮤직비디오를 만들 수 있을까요?

이 프로젝트에서 여러분은 자신만의 뮤직비디오를 만들어 봄으로써 공연, 노래, 춤, 음악, 그림, 삽화, 촬영 기법 그리고 애니메이션과 관련된 아이디어를 탐구할 수 있을 것입니다.

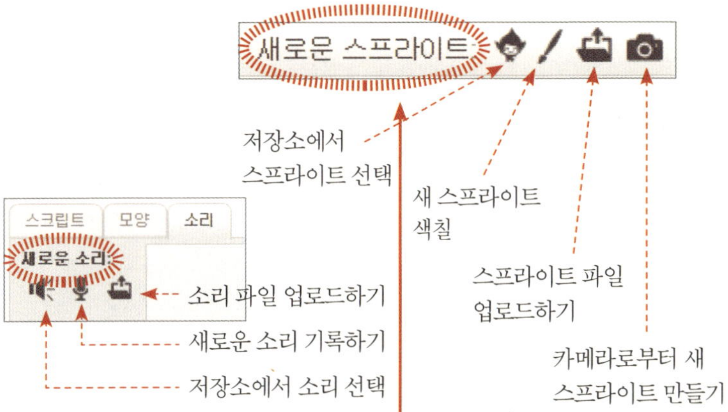

시작하기

1. 음악을 추가하세요.
2. 움직이는 스프라이트를 만드세요.
3. 음악과 스프라이트가 서로 상호작용할 수 있도록 만드세요.

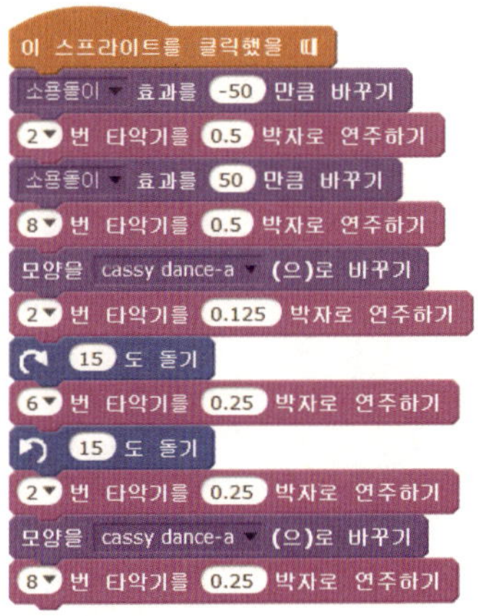

사용할 블록들

도전해 보기

- 애니메이션이 움직일 수 있도록 모양을 바꾸어 보세요.
- 스프라이트가 마우스 '클릭'이나 '키보드 키 누르기' 등에 반응하도록 하는 스크립트를 추가하여 상호작용할 수 있도록 하세요.
- 다른 사람들이 여러분의 프로그램과 어떻게 상호작용할 수 있는지 프로젝트 페이지에 설명을 추가하세요.

마무리하기

- 뮤직비디오 스튜디오에 여러분의 프로젝트를 추가하세요. http://scratch.mit.edu/studios/1328834
- 여러분의 프로젝트에 사용된 음악, 코드, 다른 사람의 작업 출처를 명확히 하세요.
- 여러분만의 스프라이트, 소리, 모양을 만들도록 도전하세요.

현재 학습 단계

0 1 2 **3** 4 5 6

학습 내용

UNIT 3

스토리

UNIT 3 SUMMARY

단원 개관

01 빅 아이디어

안드레스 몬로이-에르난데스(Andres Monroy-Hernandez, 스크래치 초기 버전의 수석 디자이너)는 박사 논문에서 오른쪽 내용과 같이 3개의 인용구를 소개하며 재구성의 중요성을 설명하였습니다.

프로그래밍에서 다른 사람의 작품을 수정하는 것은 오랫동안 이루어져 왔고, 다른 사람의 작품에 광범위하게 접근할 수 있도록 해 주는 네트워크 기술에 의해 더 활발해졌습니다. 창의 컴퓨팅의 주요 목표는 재사용(reuse)과 재구성(remix)을 통해 학습자들 사이의 연결을 지원해 주는 것입니다. 스크래치 저작 환경과 온라인 커뮤니티는 젊은 디자이너들이 스스로 만들 수 있는 것보다 좀 더 복잡한 프로젝트를 만들 수 있도록 아이디어와 코드를 찾도록 도와주고 있으며, 중요한 컴퓨팅 연습을 지원해 주고 있습니다.

이번 단원에서는 재사용과 재구성을 지원하는 문화를 양성하기 위한 초기 아이디어와 전략을 제공합니다.

학습 목표

학생들은

- 디자인 과정에서 재사용과 재구성의 장점을 이해하고 그에 익숙해질 수 있습니다.
- 컴퓨팅 사고의 개념(이벤트와 병렬)을 익히고 실습(실험과 반복, 테스팅과 디버깅, 재사용과 재구성)을 자유자재로 할 수 있는 능력을 개발할 수 있습니다.
- 협력 이야기를 구성함으로써 이야기 장르에서 컴퓨팅 창작물에 대해 탐구할 수 있습니다.

주제어, 개념, 실습

- 재사용과 재구성
- 블록 만들기
- 개인 저장소
- 무대
- 스토리 전달하기
- 짝 프로그래밍
- 스크래치 스크리닝
- 디자인 데모

노트

재사용과 재구성은 비판적으로 코드를 읽는 능력을 발전시키며, 소유권과 저작권에 대한 중요성을 알 수 있게 해 줍니다. 어떻게 하면 협력적인 작업을 할 수 있는지 논의하고, 그에 대해 어떻게 평가할 것인지에 대한 다양한 전략을 고민해 보세요.

02 여러분만의 모험을 선택하세요

이번 단원은 컴퓨터 없이 하는 다양한 디자인 활동을 통해서 학생들에게 협업과 다른 창조적인 작업을 할 수 있는 기회를 제공합니다. 이를 통해 학생들의 스토리텔링과 재구성 능력을 개발시키는 것을 목적으로 합니다.

단원 2에서의 경험을 바탕으로, 이번 단원의 활동은 학생들이 이벤트와 병렬의 컴퓨팅 사고의 개념과 실험하기, 반복하기, 재사용하기, 재구성하기의 컴퓨팅 사고 실습의 숙련도를 높이기 위해 만들어졌습니다. 각 활동은 학생들이 스프라이트와 배경 사이의 상호작용을 프로그래밍하고 궁극적으로 전달하기 프로젝트로 절정을 이루기 위한 방법과, 새로운 블록을 발견함으로써 학생들이 스토리텔링 프로젝트를 개발할 수 있도록 구성되었습니다.

03 학습 경로

세션 1	세션 2	세션 3	세션 4	세션 5	
캐릭터 만들기	대화 구성하기	장면 꾸미기	디버깅하기	창작물 그리기	전달하기
블록 만들기를 이용해서 자신만의 스크래치 블록을 만들어 보세요.	타이밍과 방송하기를 이용해서 어떻게 스프라이트 사이의 상호 관계를 조직화할 것인지 생각해 보세요.	무대와 스프라이트의 차이점은 무엇인가요?	도와주세요! 5개의 스크래치 프로그램의 오류를 수정할 수 있을까요?	다른 친구들의 그림을 바탕으로 어떤 것들을 만들 수 있을까요?	다른 친구들의 프로젝트를 바탕으로 어떤 것들을 만들 수 있을까요?

UNIT 3 ACTIVITY

01 | 캐릭터 만들기

활동 시간 30~45분

학습 목표

이 활동을 끝내면 학생들은
- 스크래치의 블록 만들기 기능을 사용하여 캐릭터의 행동을 정의해 볼 수 있다.
- 이벤트와 병렬이라는 컴퓨팅 사고의 개념에 더 친숙해지고, 시도와 반복의 연습을 할 수 있다.

학습 활동

캐릭터 스튜디오의 샘플 프로젝트를 보여 주고, 학생들에게 도움이 될 만한 캐릭터 학습지를 나누어 주세요.

추가 블록 카테고리에서 블록 만들기를 사용하여 학생들이 스크래치 블록을 만들 시간을 주세요. 학생들이 움직이는 2개의 스프라이트나 캐릭터를 만들 수 있도록 도와주세요. 반 단위로 함께 추가 블록 만들기 연습을 수행하세요.

학생들이 만든 캐릭터와 스프라이트를 서로 공유하도록 하세요. 학생들이 학급 친구들에게 자신들의 작업을 보여 주고, 어떻게 블록 만들기를 수행했는지 발표하게 하세요. 학생들이 프로젝트를 캐릭터 스튜디오나 학급 스튜디오에 추가하도록 하세요.

학생들이 디자인 저널 작성이나 모둠 토의를 통해 학습 질문에 답하게 하여 제작 과정을 다시 한 번 되돌아보게 합니다.

학습 준비물

- 캐릭터 만들기 학습지(워크북 68~69쪽)
- 캐릭터 스튜디오
  http://scratch.mit.edu/studios/475545

학습 질문

* 추가 블록 만들기를 친구들에게 소개해 보세요.
* 여러분은 추가 블록 만들기를 어떻게 활용할 수 있을까요?

학습 검토

* 학생들의 프로젝트는 두 개의 스프라이트를 포함하고 있나요?
* 각 스프라이트는 추가 블록 만들기 기능을 사용하여 두 가지 행동을 하나요?

노트

- 만약 학생들이 블록 만들기 기능을 사용하는 법을 이해하기 어려워한다면, 캐릭터 스튜디오에서 프로젝트 코드를 탐구하면서 다른 사람들이 블록 만들기 기능을 어떻게 사용하는지 탐색해 볼 수 있도록 하세요.
- 비디오 튜토리얼을 통해 블록 만들기 기능에 대해 더 공부할 수 있습니다.
  http://computing.or.kr/scratch/

개인 노트

여러분 자신만의 스크래치 프로그램 만들기를 원하나요?

스크래치에서 블록 만들기를 실습해 볼 수 있습니다. 이 프로젝트에서 여러분은 두 개의 다른 캐릭터가 각각 두 가지 행동을 하는 재미있는 프로그램을 만들 것입니다.

시작하기

1. 스프라이트 라이브러리, 그림판 또는 내 컴퓨터에서 2개의 스프라이트 캐릭터를 선택하세요.
2. 추가 블록 카테고리에서 '블록 만들기' 버튼을 클릭하고 블록 이름을 만들어 보세요.
3. 여러분의 모양 블록이 무엇을 할 수 있도록 제어할 수 있게 '정의하기' 블록 아래의 다른 블록을 추가하세요.
4. 여러분이 만든 캐릭터의 움직임을 제어하기 위해 새로운 블록을 사용하여 실험해 보세요.
5. 여러 가지로 반복하세요.

도전해 보기

- 어렵다고 느껴지나요? 괜찮습니다. 블록 만들기를 조금 더 이해하기 위해 다음의 비디오를 살펴보세요. http://bit.ly/makeablock
- 다른 사람들이 만든 새로운 블록을 보기 위해 캐릭터 스튜디오에서 여러 가지 프로젝트를 탐색하세요.
- 똑같이 움직이게 할 수 있는 방법이 한 가지 이상 있을 수 있습니다.

마무리하기

- 캐릭터 스튜디오에 여러분의 작품을 추가하세요. http://scratch.mit.edu/studios/1328860
- 블록 만들기 기능을 사용하여 다른 캐릭터와 움직임을 추가하며 실험해 보세요.
- 주변 친구들을 도와주세요.

UNIT 3 ACTIVITY

02 | 대화 구성하기

활동 시간
30~45분

학습 목표

이 활동을 끝내면 학생들은

- 대화 프로젝트를 재구성해 봄으로써, 스프라이트 간에 상호작용이 동시에 일어나는 두 가지 전략을 탐구할 수 있다(타이밍과 방송하기).
- 이벤트나 병렬과 같은 컴퓨팅 사고의 개념을 익히고, 재사용하기와 재구성하기의 실습을 능숙하게 할 수 있다.

학습 활동

펭귄의 대화 프로젝트를 모둠끼리 탐구해 보도록 하거나, 학생들에게 도움이 될 만한 대화 학습지를 나누어 주세요.

학생들은 펭귄의 대화 프로젝트의 초기 코드를 보면서 '기다리기' 블록을 사용하여 어떻게 대화할 수 있는지 관찰할 수 있습니다. 학생들은 재구성 기능을 사용하고, 펭귄의 대화 프로젝트를 재디자인하여, '방송하기', '방송하고 기다리기', '○을(를) 받았을 때'를 사용한 대화로 수정할 수 있습니다.

학생들이 친구들과 대화 프로젝트를 공유하도록 합니다. 학생들이 학급 친구들에게 자신의 프로젝트를 보여 주고, 어떻게 방송하기를 사용했는지 발표하게 하세요. 학생들이 프로젝트를 대화 스튜디오나 학급 스튜디오에 추가하도록 하세요.

학생들이 디자인 저널 작성이나 모둠 토의를 통해 학습 질문에 답하게 하여 제작 과정을 다시 한 번 되돌아보게 하세요.

학습 준비물

- 대화 구성하기 학습지(워크북 70~71쪽)
- 펭귄의 대화 프로젝트
  http://scratch.mit.edu/projects/67860322
- 대화 구성하기 스튜디오
  http://scratch.mit.edu/studios/1328900

학습 질문

* 다른 사람에게 '방송하기'를 설명해 보세요.
* 여러분은 '기다리기' 블록과 '방송하기' 블록을 언제 사용할 건가요?

학습 검토

* '방송하기'와 '○을(를) 받았을 때'를 사용했나요?
* 학생들이 '방송하기'와 '방송하고 기다리기', '○을(를) 받았을 때'를 사용하는 방법을 설명할 수 있나요?

노트

만약 학생들이 '방송하기', '○을(를) 받았을 때'를 사용하는 데 어려움을 겪는다면, 방송하기 예시 스튜디오에 있는 프로젝트의 코드를 탐구하게 하세요.
http://computing.or.kr/scratch/

개인 노트

스프라이트 간에 상호작용을 조절하기 위한 다른 방법은 무엇이 있을까요?

이 활동에서 여러분은 스프라이트가 대화하기 위한 프로그램의 여러 방법을 탐험해 볼 것입니다. 시간을 제어하기 위한 방법과 대화 프로젝트를 위한 방송하기의 사용 방법을 탐색하게 될 것입니다.

시작하기

1. 펭귄의 대화 프로젝트를 살펴봅니다.
   http://scratch.mit.edu/projects/67860322
2. 대화를 조절하기 위해 '기다리기'와 '말하기' 블록이 어떻게 사용되었는지 코드를 살펴보세요.

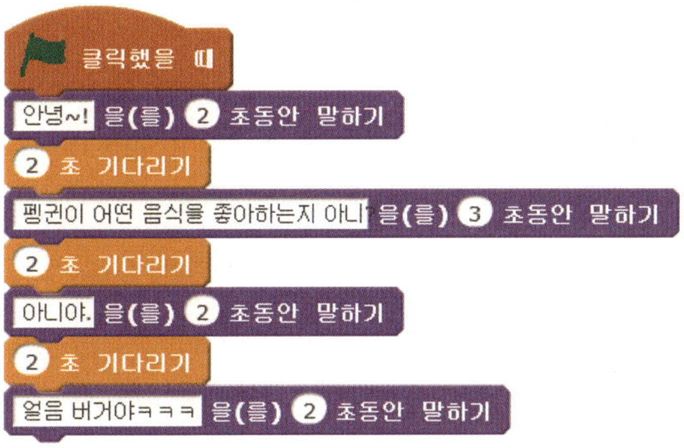

3. '기다리기' 블록 대신에 '방송하기'와 '○을(를) 받았을 때' 블록을 사용하여 프로젝트를 재구성하세요.

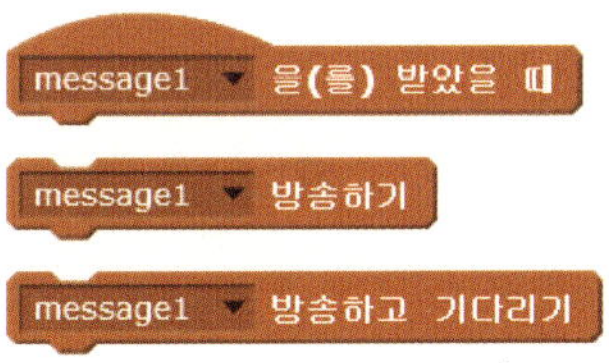

문제가 있나요? 괜찮아요! 이 방법대로 따라해 보세요.

- 친구들과 함께 아이디어 브레인스토밍을 해 보세요. 친구들과 함께 가능한 해결 방법의 목록을 만들고 시험해 보세요.
- 프로젝트의 다른 부분에 '방송하기'와 '○을(를) 받았을 때'를 사용해 보세요.
- 스프라이트 간의 대화 조절 방법에 대한 아이디어를 얻기 위해 대화 스튜디오에 있는 프로젝트를 탐구해 보세요.

마무리하기

- 대화 스튜디오에 여러분의 작품을 추가하세요.
  http://scratch.mit.edu/studios/1328900
- 다른 캐릭터와 대화를 추가할 수 있도록 더 도전해 보세요.
- 여러분의 프로젝트를 친구들과 공유하고 여러분의 탐구 및 제작 과정을 보여 주세요.
- 주변 친구들을 도와주세요.

UNIT 3 ACTIVITY

03 | 장면 꾸미기

활동 시간 30~45분

학습 목표

이 활동을 끝내면 학생들은
- 장면이 다양한 이야기나 슬라이드 쇼와 같이 무대 배경을 바꿔 보는 프로젝트를 만들 수 있다.
- 이벤트와 병렬이라는 컴퓨팅 사고의 개념을 익히고, 실험하기와 반복하기 실습을 할 수 있다.

학습 활동

'장면 스튜디오'에서 프로젝트의 샘플을 보여 주고 학생들에게 도움이 될 만한 학습지를 나누어 줍니다.

학생들에게 슬라이드 쇼와 같이 서로 다른 배경으로 바뀌는 다양한 장면이 포함된 프로젝트를 개발할 시간을 주세요. 장면 변화를 시도하는 단계에서 학생들이 스크립트를 탐구하고 조작하는 것을 하게 하세요.

친구들과 함께 프로젝트를 공유하게 하세요. 학생들이 학급 친구들에게 그들의 작업을 보여 주고, 배경 바꾸기를 어떻게 했는지 발표하게 하세요. 학생들이 프로젝트를 장면 스튜디오나 학급 스튜디오에 추가하도록 하세요.

학생들이 디자인 저널 작성이나 모둠 토의를 통해 학습 질문에 답하게 하여 제작 과정을 다시 한 번 되돌아보게 하세요.

학습 준비물

- 장면 꾸미기 학습지(워크북 72~73쪽)
- 장면 스튜디오
  http://scratch.mit.edu/studios/1328964

학습 질문

* 무대와 스프라이트는 어떤 공통점이 있을까요?
* 무대와 스프라이트는 어떤 차이점이 있을까요?
* 여러분은 특정 배경으로 바뀌었을 때 스프라이트의 블록을 어떻게 실행시키나요?
* 애니메이션 이외의 다른 프로젝트에서 장면 전환 기능을 어떻게 활용할 수 있나요?

학습 검토

프로젝트에서 배경을 바꿔 보면서 다양한 장면을 완벽하게 꾸밀 수 있나요?

노트

만약 학생들이 배경을 바꾸는 방법을 이해하는 데 어려움을 느낀다면, 형태 카테고리 아래의 블록(특히, 배경 바꾸기, 배경 바꾸고 기다리기, 다음 배경)을 사용해 보도록 격려하세요.

개인 노트

무대와 스프라이트 간에는 어떤 차이점이 있습니까?

이 활동에서 여러분은 다양한 장면이 있는 스토리나 슬라이드 쇼에서 다양한 무대 배경을 바꾸어 보는 프로젝트를 만들게 될 것입니다.

시작하기

1. 프로젝트에 넣을 다양한 배경을 라이브러리, 그림판 또는 내 컴퓨터에서 선택하세요.
2. 배경 바꾸기를 시작하기 위해 형태와 이벤트 카테고리에서 블록을 탐색해 보세요.
3. 프로젝트의 배경을 바꿀 때 함께 일어나는 이벤트가 자연스럽게 무대와 스프라이트에 스크립트를 추가하세요.

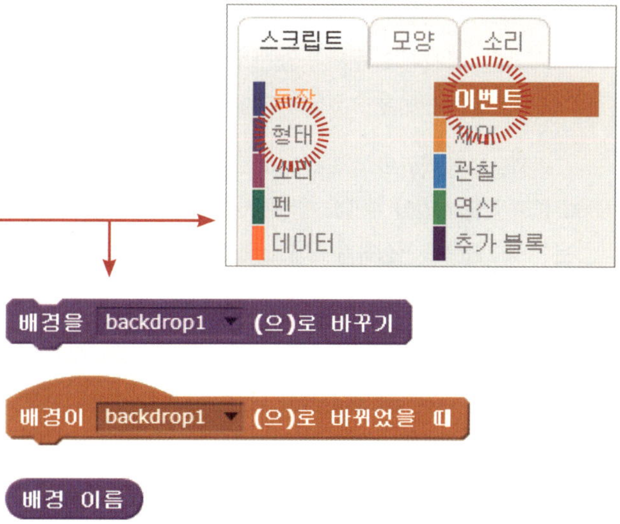

도전해 보기

- 배경과 관련된 장면과 스프라이트에 있는 블록을 찾아보세요. 그 블록이 어떻게 움직이는지 살펴보기 위해 시험해 보세요.
- 더 잘 만들고 싶으세요? 다양한 배경을 사용하는 프로젝트를 찾아보기 위해 스크래치 홈페이지(http://scratch.mit.edu/)에서 탐험하기 메뉴를 활용해 보세요.

마무리하기

- 장면 스튜디오에 여러분의 작품을 추가하세요. http://scratch.mit.edu/studios/1328964
- 여러분의 프로젝트 배경을 더 바꿀 수 있도록 도전해 보세요.
- 여러분이 이전에 만든 프로젝트 또는 여러분에게 좋은 아이디어를 줄 만한 프로젝트 하나를 찾아서 배경 바꾸기를 추가하고 재구성해 보세요.

UNIT 3 ACTIVITY

04 | 디버깅하기

활동 시간
15~30분

학습 목표

이 활동을 끝내면 학생들은
- 문제를 살펴보고, 5개의 '디버깅하기' 과제의 해결책을 찾을 수 있다.
- '테스팅하기'와 '디버깅하기' 연습을 통해 개념(시퀀스와 반복을 포함)의 범위를 탐구할 수 있다.

학습 활동

이 활동을 하는 동안 도움이 될 수 있는 '디버깅하기' 학습지를 학생들에게 나누어 줍니다.

학생들이 '디버깅하기' 스튜디오나 학습지에 있는 프로젝트의 링크를 따라 '디버깅하기' 프로젝트를 열 수 있도록 도와주세요. 학생들이 '스크립트 보기' 버튼을 클릭해서 오류가 있는 프로그램을 조사하고, 문제가 있는 코드를 손보는 등 가능한 해결책들을 시험해 볼 수 있도록 하세요.

학생들에게 각각의 '디버깅하기' 도전 과제를 시험해 보고 오류 수정할 시간을 주세요. 학생들이 오류를 수정하고 올바른 프로그램으로 저장하기 위해 스크래치의 리믹스 기능을 사용하게 하세요.

학생들이 디자인 저널 작성이나 모둠 토의를 통해 학습 질문에 답하게 하여 '테스팅하기'와 '디버깅하기' 경험을 다시 한 번 생각하게 합니다.

학생들이 문제를 찾고 문제를 해결하는 방법을 모은 디버깅 전략을 학급 목록으로 만들어 보게 하세요.

노트

- 다른 사람들의 코드를 읽을 수 있다는 것은 가치가 있는 기술이며, 재사용과 재구성 실습에 참여하기 위한 중요한 능력입니다.
- 이 활동은 짝 프로그래밍을 하기에 좋습니다. 학생들은 짝끼리 '디버깅하기' 도전 과제를 나누어 작업할 수 있습니다.
- 학생들은 스크래치 블록에서 오른쪽 클릭한 후 댓글을 추가하여 자신들이 수정한 코드를 설명할 수 있습니다.

학습 준비물

- 디버깅하기 학습지(워크북 74~75쪽)
- 디버깅하기 스튜디오
  http://scratch.mit.edu/studios/475539

학습 질문

* 어떠한 오류가 발견되었나요?
* 그 오류를 어떻게 찾았나요?
* 그 오류를 어떻게 해결하였나요?
* 오류를 해결하기 위해 다른 친구들이 사용한 방법은 무엇인가요?

학습 검토

* 학생들이 5개의 오류가 있는 문제를 해결할 수 있었나요? 그렇지 않았다면, 여러분은 해결되지 않은 문제에 포함된 개념을 어떻게 설명할 수 있나요?
* 학생들이 사용한 '테스팅하기'와 '디버깅하기' 전략의 차이는 무엇인가요?

개인 노트

도와주세요! 다음 5개의 스크래치 프로그램에서 오류를 수정할 수 있나요?

이 활동에서 여러분은 5개의 '디버깅하기'를 통해 과제의 잘못된 점이 무엇인지 살펴보고, 해결 방법을 찾을 수 있습니다.

시작하기

1. '디버깅하기' 스튜디오를 방문하세요.
   http://scratch.mit.edu/studios/1329070
2. 스튜디오에 있는 5개의 '디버깅하기' 과제를 점검하고 수정하세요.
3. 여러분의 해결책을 적거나 여러분의 해결책에 따라 오류 프로그램을 재구성하세요.

디버깅 3.1 http://scratch.mit.edu/projects/67867200

스크래치 고양이가 고보에게 고양이 소리를 가르칩니다. 하지만 고보가 소리를 내야 할 순서가 되었는데, 소리를 내지 않습니다. 이 프로그램을 어떻게 고칠 수 있을까요?

디버깅 3.2 http://scratch.mit.edu/projects/67867058

스크래치 고양이는 1부터 사용자가 입력하는 숫자를 세도록 되어 있습니다. 하지만 고양이는 항상 10까지밖에 세지 않습니다. 이 프로그램을 어떻게 고칠 수 있을까요?

디버깅 3.3 http://scratch.mit.edu/projects/67866786

스크래치 고양이는 고보의 친구들(기가, 나노, 피코, 테라)을 부르는 역할을 합니다. 하지만 친구들 모두 동시에 대답을 합니다. 어떻게 이 프로그램을 고칠 수 있을까요?

디버깅 3.4 http://scratch.mit.edu/projects/67866668

스크래치 고양이와 고보는 점프 연습을 해야 합니다. 스크래치 고양이가 "뛰어!"라고 말하면 고보는 위아래로 뛰어야 하는데, 고보는 뛰지 않습니다. 어떻게 이 프로그램을 고칠 수 있을까요?

디버깅 3.5 http://scratch.mit.edu/projects/67866402

이 프로젝트에서 오른쪽 화살표 키를 누를 때 장면이 바뀝니다. 이 프로젝트의 배우인 공룡은 강당을 배경으로 장면이 바뀔 때를 제외하고는 매 순간 숨어 있어야 합니다. 따라서 강당에서는 장면이 바뀔 때 공룡이 나타나서 춤을 춰야 합니다. 하지만 공룡이 항상 나타나서, 아무 때나 춤을 춥니다. 어떻게 이 프로그램을 고칠 수 있을까요?

문제가 있나요? 괜찮아요! 이 방법대로 따라해 보세요.

- 이 프로그램에서 나타나는 오류의 목록을 만드세요.
- 작업을 기록하세요. 여러분이 무엇을 했는지 그리고 앞으로 해야 할 것이 무엇인지 기억하는 데 유용합니다.
- 해결 방안을 찾을 때까지 문제 발견, 문제 해결 처리 방법을 친구들과 공유하고 비교하세요.

마무리하기

- 스크립트의 블록 위에서 오른쪽을 클릭하여 댓글을 추가하세요. 이 댓글은 다른 사람들이 여러분 프로그램을 이해하는 데 도움을 줄 수 있습니다.
- 여러분의 '테스팅하기'와 '디버깅하기' 연습을 짝과 의논하고, 자신의 전략과 비교하여 유사점이나 차이점을 기록해 두세요.

UNIT 3 ACTIVITY

05 | 창작물 그리기

활동 시간
15~30분

학습 목표
이 활동을 끝내면 학생들은
- 협력하여 그리기를 함으로써 재사용과 재구성이라는 컴퓨팅 사고의 실습을 할 수 있다.

학습 활동

이 활동에서 학생들은 세 가지 부분의 '창작물'을 그리게 될 것입니다.

학생들에게 세 부분으로 나뉘어 접힌 빈 종이를 주고, 1분 동안 창작물의 '머리'를 그리도록 합니다. 다음으로 그림이 이어지는 부분만 약간 보이게 하고 머리가 보이지 않도록 뒤로 접습니다. 머리를 숨긴 후, 학생들은 다른 학생들에게 창작물을 넘깁니다. 그러고 나서 학생들이 머리 부분을 보지 않도록 하고, 윗부분을 참고하여 '중간' 부분을 1분 동안 그리도록 합니다. 중간 부분을 숨긴 후에 창작물을 넘깁니다. 마지막으로 1분 동안 '아래' 부분을 그리도록 합니다. 작업이 끝났을 때, 종이를 펼쳐서 협력하여 그린 창작물을 확인합니다.

학생들이 창의적인 결과물을 탐색하도록 벽이나 게시판에 그림을 전시하세요.

함께 만든 작품과 협동에 대해서 그리고 재사용과 재구성 작업에 대한 모둠 토의를 하세요.

학습 준비물

- 창작물 그리기 학습지(워크북 76~77쪽)
- 세 번 접은 빈 종이(대략 16절지 정도의 크기)
- 스케치할 것들(연필, 펜, 마커 등)

학습 질문

* 여러분은 재구성을 어떻게 정의할 건가요?
* 여러분이 처음 ('머리'를 그릴 때) 생각한 창작물은 무엇이었나요? 다른 사람들의 기여가 여러분의 아이디어 확장과 향상에 어떤 도움이 되었나요?
* 여러분의 창작물 확장('중간'이나 '아래'를 그리는), 즉 여러분의 기여가 다른 사람의 아이디어 확장과 향상에 어떻게 도움이 되었나요?

학습 검토

학생들은 재사용과 재구성의 유익한 점에 대해 설명할 수 있나요?

노트

- 이 활동은 '전달하기' 프로젝트를 위한 완벽한 준비운동입니다. 우리는 '전달하기' 수업 직전에 창작물 구성 수업을 추천합니다.
- 참여한 예술가를 확인할 수 있도록 학생들이 작업한 창작물 그림 아랫부분에 이름을 쓰게 하세요.

개인 노트

친구들과 협력하여 창작물을 그려 보세요.

UNIT 3 ACTIVITY

06 | 전달하기

활동 시간 45~60분

학습 목표

이 활동을 끝내면 학생들은

- 다른 사람의 작품을 재사용하고 재구성함으로써 스토리텔링 스크래치 프로젝트를 만들 수 있다.
- 협동 스토리텔링 프로젝트를 개발하기 위해 짝 활동으로 하는 짝 프로그래밍을 경험할 수 있다.

학습 활동

두 명씩 짝을 짓도록 하세요. 한 짝이 먼저 프로젝트를 시작한 후 다른 짝에게 넘겨준 뒤 이어서 완성하는 활동을 소개합니다. 이 활동을 통해 다른 사람의 작품을 확장하고 재구성함으로써 스토리텔링 프로젝트를 만들 수 있습니다. 이때 '전달하기' 학습지를 사용하세요.

먼저, 두 명씩 짝을 이룬 후 학생들에게 캐릭터, 장면, 각본 등 역할을 정하게 합니다. 각 짝은 10분씩 서로 돌아가면서 프로젝트를 재구성하여 이야기를 연결하고 완성합니다. 두 번 진행한 다음 완성된 프로젝트를 교실이나 강당에서 학생들과 함께 보며 이야기를 나눠 봅니다. 학생들의 재사용과 재구성한 활동에 대하여 칭찬하고 격려해 주세요.

학생들이 디자인 저널 작성이나 모둠 토의를 통해 학습 질문에 답하게 하여 제작 과정을 다시 한 번 되돌아보게 합니다.

노트

- 스크래치 프로젝트 전시회를 기획해 보세요. 과자와 음료수를 준비하고 다른 반 학생들을 초대해서 보여 주거나 강당이나 교실에 프로젝트를 전시하세요.
- 학생들에게 프로젝트를 재구성하는 다른 방법인 개인 저장소(스크래치 프로그램 아래에 있는)에 대해 소개해 주세요. 개인 저장소에 대해 더 배우고 싶다면, 개인 저장소 비디오 튜토리얼을 보며 공부하게 하세요.
  http://bit.ly/scratchbackpack

학습 준비물

- 전달하기 학습지(워크북 78~79쪽)
- 전달하기 스튜디오
  http://scratch.mit.edu/studios/1330766
- 프로젝터와 스크린(선택 사항)

학습 질문

* 다른 사람의 작품을 재구성하는 것에 대해 어떻게 느꼈습니까? 내 작품이 재구성되는 것에 대해 어떻게 느꼈습니까?
* 생활 속에서 직접 보거나 경험해 본 재사용과 재구성은 무엇입니까? 두 가지 예를 들어 보세요.
* 여러분이 스크래치 프로젝트를 디자인해 본 예전의 경험과 비교하여 다른 사람들과 협동하여 작업을 하는 것은 어떻게 다른가요?

학습 검토

* 학생들이 프로젝트의 어떤 부분에 기여를 했습니까?
* 학생들이 이벤트와 병렬의 개념을 익히고, 재사용과 재구성의 실습을 잘했나요? 그렇지 않다면, 좀 더 명확하게 할 수 있는 방법에는 어떤 것이 있을까요?

개인 노트

다른 사람의 작품에 추가해서 무엇을 만들 수 있을까요?

여러분은 애니메이션 프로젝트를 개발할 것입니다.
또한 프로젝트를 확장하고 재구성하기 위해 다른 사람에게 그 이야기를 전달할 것입니다.

시작하기

1. 캐릭터, 장면, 각본 등 여러분이 흥미를 느끼는 것에 초점을 맞춰 이야기 프로젝트를 만듭니다.
2. 10분 후에 저장하고 프로젝트를 온라인에 공유합니다.
3. 다른 사람의 이야기 프로젝트를 재구성하여 이야기를 확장시킵니다.

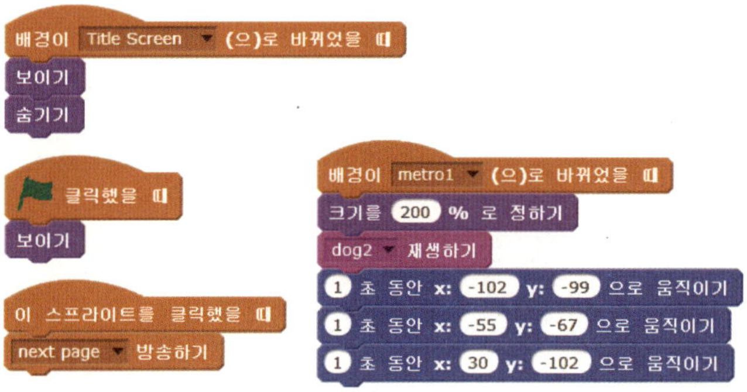

사용할 블록들

도전해 보기

이야기 재구성, 확장, 재상상을 위한 다른 방법을 브레인스토밍해 보세요. 끝 부분에 새로운 장면을 추가해 보세요. 이야기 시작 전에 무슨 일이 생길지 상상해 보세요. 새로운 캐릭터를 추가하면 어떨까요? 줄거리를 반전시켜 보는 것은 어떨까요? 그 밖에 재미있는 아이디어는 무엇이 있을까요?

마무리하기

- '전달하기' 스튜디오에 여러분의 프로젝트를 추가하세요. http://scratch.mit.edu/studios/1330766
- 주변 친구들을 도와주세요.
- 여러분이 참여했던 모든 프로젝트로 돌아가서 이야기가 어떻게 전개되었는지 확인해 보세요.

현재 학습 단계

0 1 2 3 **4** 5 6

학습 내용

UNIT

4

게임

UNIT 4 SUMMARY

단원 개관

01 빅 아이디어

학생들이 의미 있는 활동에 스스로 참여하도록 하는 '자기화하기'는 창의 컴퓨팅을 설계하는 데 중요한 원리입니다. 이 원리는 개인적인 관심사를 찾는 일과 그러한 관심사가 매우 다양할 수 있다는 것을 의미합니다. 이러한 '자기화하기'는 학생들에게 관심사를 찾게 하고, 동기를 부여하며, 인내심을 기를 수 있도록 도움을 줍니다.

이 단원에서 학생들은 게임 디자인과 관련된 고급 개념과 도전적인 문제를 탐색합니다. 고급 개념이나 도전적인 문제의 프로젝트를 개인적으로 의미 있는 활동에 기반을 두고 만든다면 더 이해하기 쉽게 만들 수 있습니다. MIT 스크래치 프로젝트의 책임자인 미치 레스닉(Mitch Resnick)의 이야기를 들어 보겠습니다.

몇 년 전 나는 방과후 학교 컴퓨터 교실에서 13살 소년이 그 자신만의 게임을 만드는 데 열중하는 것을 보았습니다. 소년은 물고기 캐릭터를 제어할 수 있었습니다. 그러나 큰 물고기 캐릭터들이 얼마나 많은 작은 물고기 캐릭터들을 먹었는지 점수로 보길 원했지만 구현할 방법을 몰랐습니다.

나는 그 순간 변수 아이디어를 소개할 생각을 했습니다. 나는 소년에게 게임에서 얼마나 많은 물고기 캐릭터를 먹었는지 확인할 수 있도록 점수를 사용하는 방법을 보여 주었고, 소년은 즉시 알아차렸습니다. 그 소년은 큰 물고기 캐릭터가 작은 물고기 캐릭터를 먹는 바로 그 지점의 스크립트 안에 블록을 추가했습니다. 소년은 다시 시도했고, 당연히 그 게임에서 큰 물고기 캐릭터가 작은 물고기 캐릭터를 먹으면 점수가 매번 1점씩 올라갔습니다.

나는 소년이 변수에 대해 깊이 있게 이해했다고 생각합니다. 왜냐하면 소년은 정말로 변수를 사용하길 원했기 때문입니다. 이것은 스크래치의 전반적인 목표 중의 하나입니다. 단순히 변수뿐만 아니라 모든 개념에 대해서도 마찬가지입니다. 우리는 학생들이 그들에게 의미 있고 유용한 개념을 사용하여 자신의 것으로 만들 때 그 개념에 대해 깊이 이해하게 되는 것을 봅니다.

학습 목표

학생들은

- 조건, 연산자, 데이터(변수와 리스트)의 컴퓨팅 사고의 개념을 학습할 수 있습니다.
- 스스로 미로 게임, 퐁 게임, 스크롤링 게임 프로젝트를 만들고 확장하면서 실험하기와 반복하기, 테스팅하기와 디버깅하기, 재사용하기와 재구성하기, 추상화하기와 모듈화하기의 컴퓨팅 사고의 실습에 더 익숙해질 수 있습니다.
- 일반적인 게임의 구조를 확인하고 이해할 수 있습니다.

주제어, 개념, 실습

- 추상화하기와 모듈화하기
- 조건
- 연산자
- 데이터
- 변수와 리스트
- 센싱
- 긍정 피드백
- 아케이드 데이
- 퍼즐 항아리
- 브레인 덤프

노트

여러 새로운 개념을 이 단원에서 탐색하도록 샘플 프로젝트 스튜디오, 추가 실습을 위한 새로운 프로그래밍 퍼즐, 그리고 필요하다면 여러분이 재구성하고 재사용할 수 있도록 돕는 스타터 게임 프로젝트의 형태를 추가적으로 지원하였습니다.

02 자신만의 모험을 선택하세요

이 단원은 학생들이 스스로 게임 디자이너가 되어 보고 자신들만의 게임 프로젝트를 만드는 작업을 할 수 있도록 합니다. 이 단원에서의 활동을 통해 학생들은 컴퓨팅 사고의 개념(조건, 연산자, 데이터)과 컴퓨팅 사고의 실습(추상화하기와 모듈화하기)을 이해하고 게임의 구조와 게임 개발을 배우게 됩니다.

여러분은 스타터 게임 활동을 통해 학생들이 게임 프로젝트를 시작하게 하고 다른 활동을 통해 더 발전할 수 있도록 도와줄 수 있습니다.

이 단원에서는 점수를 저장하는 것과 좌우 스크롤링과 같은 일반적인 게임의 구조에 대해 배우는 것부터 퐁 게임과 같이 많은 사람이 함께 참여하는 게임을 만드는 것에 이르기까지, 학생들에게 게임 개발을 실습할 수 있는 다양한 기회를 제공합니다.

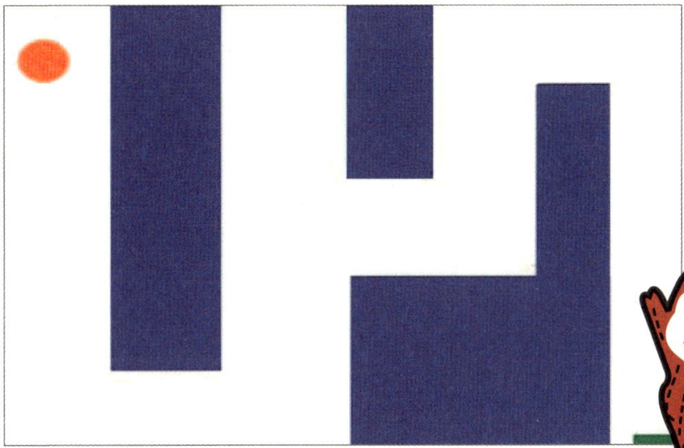

03 학습 경로

세션 1	세션 1~5	세션 2	세션 3	세션 4	세션 5
만들고 싶은 게임 목록	스타터 게임	게임에 점수 추가하기	게임 확장하기	상호작용 퍼즐 풀기	디버깅하기
모든 게임이 가지고 있는 공통점은 무엇인가요?	상호작용하는 게임을 만들기 위해서 스크래치를 어떻게 사용할 수 있습니까? 퐁 게임, 미로 게임, 스크롤링 게임을 만들어 보세요.	어떻게 하면 변수를 사용해서 게임에 점수를 추가할 수 있을까요?	게임에서 난이도를 확장하는 것과 증가시키는 것의 차이는 무엇인가요?	9개의 스크래치 프로그래밍 퍼즐을 풀어 보세요.	도와주세요! 여러분은 5개의 스크래치 프로그램의 오류를 수정할 수 있을까요?

UNIT 4 ACTIVITY

01 | 만들고 싶은 게임 목록

활동 시간
15~30분

학습 목표

이 활동을 끝내면 학생들은
• 일반적인 게임 설계 요소를 확인할 수 있다.

학습 활동

학생들을 2~3명의 작은 모둠으로 나눠 주세요.

모둠 안에서 만들고 싶은 게임의 목록을 작성하도록 하세요. 학생들은 디자인 저널이나 학습지를 사용해 목록을 만들 수 있습니다. 학생들에게 1~2분의 짧은 시간을 주고 최대한 많은 게임 이름을 적어 보도록 합니다. 학생들은 작성한 목록 중 제일 좋아하는 것이 남도록 줄여 나갑니다.

몇 분 뒤 모둠별로 게임 목록에 대해 다음과 같이 질문합니다.

• 모든 게임이 가지고 있는 공통점은 무엇인가요?
• 어떤 디자인 특징이 게임의 요소가 되나요?

어떤 특징이 있는 게임을 만드는지에 대해 학급 토의를 진행하고 게임 구조에 대한 학급 목록을 만드세요. 학생들에게 원하는 게임을 상상하게 하고, 그 게임의 디자인 요소 목록을 적게 하세요.

학생들이 모둠이나 평가 그룹(0단원의 평가 그룹 활동 참조)에서 만들고 싶은 게임 목록을 공유하고 피드백과 의견을 나눌 수 있도록 하세요.

학습 준비물

• 만들고 싶은 게임 목록 학습지(워크북 90~91쪽)
• 게임 설계 요소를 적을 종이(선택 사항)
• 스케치할 것들(연필, 펜, 마커 등)

학습 질문

* 여러분이 가장 좋아하는 게임을 만드세요.
* 모든 게임이 가지고 있는 공통점은 무엇인가요?
* 게임을 디자인하는 데 필요한 요소는 무엇인가요?
* 여러분의 만들고 싶은 게임을 위한 설계 요소의 목록을 만드세요.

학습 검토

* 만들고 싶은 게임의 목록은 게임의 특징을 포함하고 있습니까?
* 학급 목록과 비슷하거나 다른 설계 요소는 무엇인가요?
* 학급 집단 목록을 통해 학생들이 즐기는 게임의 종류와 유형에 대해 알 수 있나요?

노트

이 단원의 다른 활동에서 게임을 프로그래밍할 때 학생들이 만들고 싶은 게임 목록을 다시 참조하게 하세요.

개인 노트

게임을 상상해 보고, 그 게임 목록을 만들어 볼까요?

UNIT 4 ACTIVITY

02 | 스타터 게임

활동 시간 45~60분

학습 목표

이 활동을 끝내면 학생들은

- 자기 주도적인 게임 프로젝트를 만들면서 컴퓨팅 사고의 개념(조건, 연산자, 데이터)을 이해할 수 있다.
- 자기만의 게임 프로젝트를 통해 컴퓨팅 사고의 실습(실험하기와 반복하기, 테스팅하기와 디버깅하기, 재사용하기와 재구성하기, 추상화하기와 모듈화하기)에 더 능숙해질 수 있다.

학습 활동

점수 저장하기, 확장하기, 상호작용하기와 같은 활동을 통해서 학생들은 스타터 게임 프로젝트를 만들게 됩니다. 미로 게임, 퐁 게임, 스크롤링 게임 등의 스타터 프로젝트에서는 학생들을 안내하기 위해 학습지를 사용할 수 있습니다.

학급에 적합하거나 학생들이 만들고 싶어 하는 프로젝트를 하나 또는 두 개 정도 직접 선택하게 하세요. 예를 들어, 미로, 퐁, 스크롤링과 같은 게임입니다. 학생들에게 자신들만의 게임을 만들 시간이나 스타터 프로젝트 중 하나를 재구성할 시간을 줍니다.

학생들이 작업하는 과정에서 게임에 대한 긍정적인 피드백을 받을 수 있도록 해 주세요. 학생 중 절반은 프로젝트를 열어 둔 채로 자리에 앉아 있고, 다른 절반은 돌아보면서 프로젝트를 탐색하고 질문하며 서로 피드백을 줍니다. 그런 다음 역할을 바꾸어 활동합니다.

학생들이 게임 스튜디오나 학급 스튜디오에 추가하게 하세요. 학생들이 디자인 저널이나 모둠 토의를 통해 학습 질문에 답하도록 안내하세요.

노트

- 최종 게임 창작물을 기념하고 공유하기 위해 '아케이드 데이' 열기를 추천합니다. 최종적으로 완성한 프로젝트는 프레젠테이션 모드로 둡니다. 학생들은 다른 사람이 만든 게임을 둘러보고 플레이해 봅니다.
- 스크롤링 게임 옵션의 복제를 소개합니다. 학생들이 5단원 고급 기능의 복제 학습지를 통해 복제 블록에 대해 좀 더 배울 수 있도록 도와주세요.

학습 준비물

- 미로 게임 학습지(워크북 92쪽)
- 미로 게임 샘플 스타터 프로젝트
  http://scratch.mit.edu/projects/67925582
- 퐁 게임 학습지(워크북 93쪽)
- 퐁 게임 샘플 스타터 프로젝트
  http://scratch.mit.edu/projects/67925662
- 스크롤링 게임 학습지(워크북 94쪽)
- 스크롤링 게임 샘플 스타터 프로젝트
  http://scratch.mit.edu/projects/67925878
- 게임 스튜디오
  http://scratch.mit.edu/studios/1331372

학습 질문

* 게임을 설계할 때 어떤 부분이 힘들었고, 어떻게 해결했나요?
* 무엇이 자랑스러운가요?

학습 검토

게임은 조건, 연산자, 데이터를 포함하고 있나요?

개인 노트

스타터 게임 1 : 미로 게임

스프라이트를 미로의 시작에서 끝까지 벽에 닿지 않도록 움직여 볼까요?

이 프로젝트에서 여러분은 상호작용하는 게임을 만들 것입니다. 이 게임은 스프라이트, 점수, 레벨 사이의 상호작용을 포함합니다.

시작하기

1. 먼저 미로의 배경을 그립니다. 벽과 미로 끝의 도착점의 색은 서로 다르게 만듭니다.
2. 스프라이트를 추가합니다.
3. 게임을 상호작용하도록 만드세요.

이 스크립트는 스프라이트가 어디에서 시작하는지 알려 주고, 미로의 시작을 표시합니다.

이 스크립트는 플레이어가 미로에서 스프라이트의 움직임을 제어할 수 있게 합니다.

이 스크립트는 스프라이트가 미로의 벽에 닿으면 튕기도록 합니다.

이 스크립트는 미로의 끝 스프라이트로, 공이 이곳에 닿으면 플레이어가 성공했음을 나타냅니다.

도전해 보기

- 게임에 다양한 레벨을 추가하세요. 다른 배경을 사용하거나 방송 블록을 사용하여 다음 단계를 실행하세요.
- 점수를 저장하기 위해 변수 블록을 사용하세요.
- 미로에 타이머 블록을 추가하여 실험하세요.

마무리하기

- 여러분의 프로젝트를 게임 스튜디오에 추가하세요.
  http://scratch.mit.edu/studios/1331372
- 짝과 함께 바꿔서 게임을 해 보세요. 서로의 창작물을 나누면서 우정을 쌓아 보세요.

스타터 게임 2 : 퐁 게임

공이 막대를 지나가지 못하게 해 볼까요?

미로 게임과 마찬가지로 상호작용하는 게임을 만들 것입니다. 이 게임은 고전적인 퐁 게임과 비슷합니다.

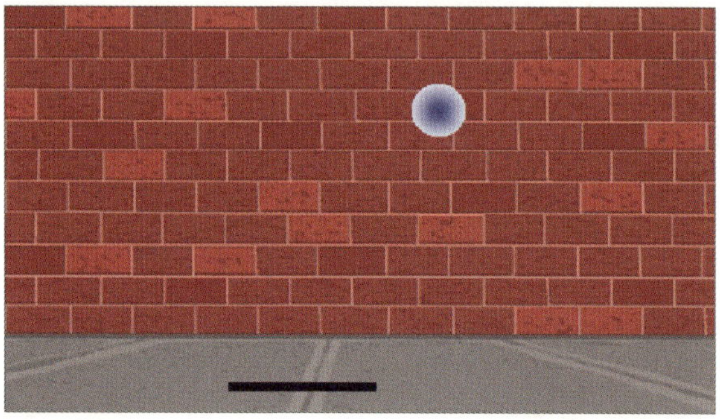

시작하기

1. 두 개의 스프라이트를 만드세요. 사용자가 제어할 막대와 사용자가 함께 플레이할 공입니다.
2. 막대 스프라이트가 상호작용하도록 만드십시오.

3. 게임의 종료 조건을 넣으세요.

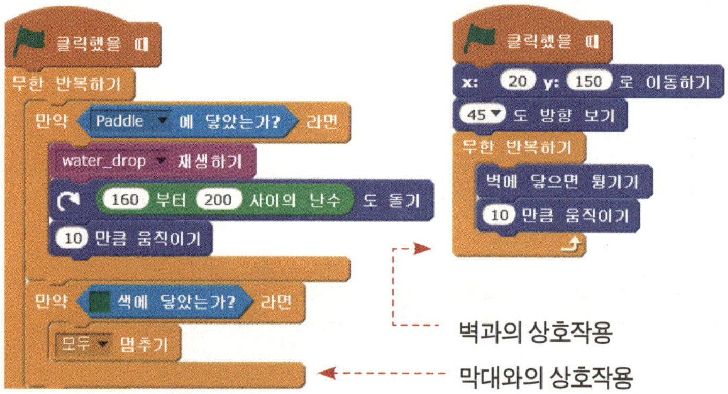

이 스크립트는 공을 제어합니다. 막대나 벽에 닿으면 계속 움직입니다. 바닥의 빨간색에 닿으면 막대로 튕기지 못하는 것을 의미하므로 게임이 끝납니다.

도전해 보기

- 어떻게 하면 게임에 난이도를 추가할 수 있나요? 다른 레벨 만들기, 타이머 사용하기, 점수 저장하기는 여러분이 사용할 수 있는 다양한 방법의 예가 됩니다.
- 배경을 편집하여 게임의 장면을 변화시켜 보세요.
- 스프라이트를 제어하기 위해 다른 키 입력 방법을 탐색해 보세요.

마무리하기

- 여러분의 프로젝트를 게임 스튜디오에 추가하세요. http://scratch.mit.edu/studios/1331372
- 짝과 함께 바꿔서 게임을 즐겨 보세요. 서로의 창작물을 나누면서 우정을 쌓아 보세요.

스타터 게임 3 : 스크롤링 게임

물체가 땅으로 떨어지지 않도록 하면서 다른 어떤 물체에도 닿지 않도록 물체를 움직여 볼까요?

퐁 게임과 마찬가지로 상호작용하는 게임을 만들 것입니다. 이 게임은 새 잡기 게임과 비슷합니다.

시작하기

1 두 개의 스프라이트를 만드세요. 사용자가 제어할 헬리콥터와 피해야 할 글라이딩 바입니다.

스프라이트의 움직임을 제어합니다.

2 헬리콥터가 상호작용하도록 만드세요.

3 글라이딩 바가 스테이지를 가로질러 스크롤하는 스크립트를 넣어서 '게임 끝'을 추가하세요.

바가 화면을 가로지를 수 있도록 만드는 아래 스크립트에 사용될 복제품을 만듭니다.

스프라이트가 계속 아래로 떨어지게 합니다.

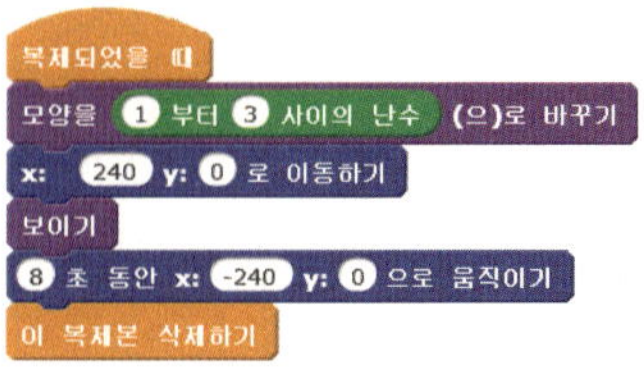

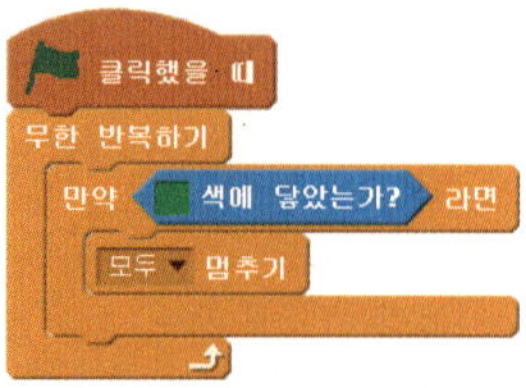

언제 게임이 끝날지 정해 줍니다.

도전해 보기

- 어떻게 하면 게임에 난이도를 추가할 수 있나요? 다른 레벨 만들기, 타이머 사용하기, 점수 저장하기는 여러분이 사용할 수 있는 다양한 방법의 예가 됩니다.
- 배경을 편집하여 게임의 장면을 변화시켜 보세요.
- 스프라이트를 제어하기 위해 다른 키 입력 방법을 탐색해 보세요.

마무리하기

- 여러분의 프로젝트를 게임 스튜디오에 추가하세요.
  http://scratch.mit.edu/studios/1331372
- 짝과 함께 바꿔서 게임을 하세요. 서로의 창작물을 나누면서 우정을 쌓아 보세요.

UNIT 4 ACTIVITY

03 | 게임에 점수 추가하기

활동 시간
30~45분

학습 목표

이 활동을 끝내면 학생들은

- 변수가 무엇이고, 변수가 왜 유용한지 설명할 수 있다.
- 컴퓨팅 사고의 개념인 데이터를 알 수 있다.
- 하나의 프로젝트나 프로젝트의 일부를 재구성하고 재사용하는 것을 경험할 수 있다.

학습 활동

작은 모둠을 만들어 모둠끼리 물고기 잡기(fish chomp) 게임 스타터 프로젝트를 탐색하세요. 필요하면 학생들을 안내하기 위해 점수 학습지를 사용할 수 있습니다.

학생들이 물고기 잡기 게임 스타터 프로젝트를 실행하게 도와주세요. 학생들이 물고기 잡기 게임 스타터 프로젝트를 재구성하면서 변수를 탐색하고, 게임에 점수를 추가할 시간을 주세요. 필요하다면 학생들이 이전에 만들었던 미로 · 퐁 · 스크롤링 게임 프로젝트에 점수를 추가할 시간을 주세요.

학생들이 재구성하거나 점수를 추가한 물고기 잡기 게임을 공유할 수 있도록 해 주세요. 몇 명의 학생들은 모둠 친구들에게 프로젝트를 소개하고, 변수를 사용하여 어떻게 점수를 구현했는지 발표하게 하세요.

학생들이 재구성한 프로젝트를 물고기 잡기 게임 리믹스 스튜디오나 학급 스튜디오에 추가하도록 하세요. 학생들이 디자인 저널 작성이나 모둠 토의를 통해 학습 질문에 답함으로써 설계 과정을 돌아볼 수 있게 하세요.

학습 준비물

- 게임에 점수 추가하기 학습지(워크북 96~97쪽)
- 점수 샘플 스튜디오
  http://scratch.mit.edu/studios/1331384
- 물고기 잡기 게임 스타터 프로젝트
  http://scratch.mit.edu/projects/67942340
- 물고기 잡기 게임 리믹스 스튜디오
  http://scratch.mit.edu/studios/1331420

학습 질문

* 다른 사람에게 변수를 어떻게 설명할 건가요?
* 변수는 무엇에 유용한가요?

학습 검토

학생들이 변수가 무엇이고, 무엇에 유용한지 설명할 수 있나요?

노트

- 학생들이 점수 샘플 스튜디오에 있는 프로젝트의 코드를 탐색하여 변수에 대해 명확하게 이해할 수 있게 해 주세요.
- 변수는 중요한 수학과 컴퓨팅 사고의 개념입니다. 수학과 과학 시간에 변수에 대해 배우게 되는데, 많은 학생들이 어려워합니다. 게임은 변수를 유용하게 만드는 구체적인 방법 중 하나입니다.

개인 노트

스크래치 게임 프로젝트에 점수를 저장하려면 어떻게 해야 하나요?

물고기 잡기(fish chomp) 게임은 플레이어가 마우스로 스프라이트를 조정해 가능한 많은 물고기를 잡는 게임입니다. 이 활동에서 여러분은 변수로 점수를 추가해 물고기 잡기 게임을 재미있게 만들 겁니다.

시작하기

1. 물고기 잡기 게임 프로젝트에 들어가세요.
   http://scratch.mit.edu/projects/67942340
2. 데이터 카테고리 안에 변수 만들기 버튼을 클릭하세요. 변수를 만들어 '점수'라고 이름을 입력하세요.
3. 프로젝트에 점수를 추가하기 위해 새로운 변수 블록을 살펴보고 실습하세요.

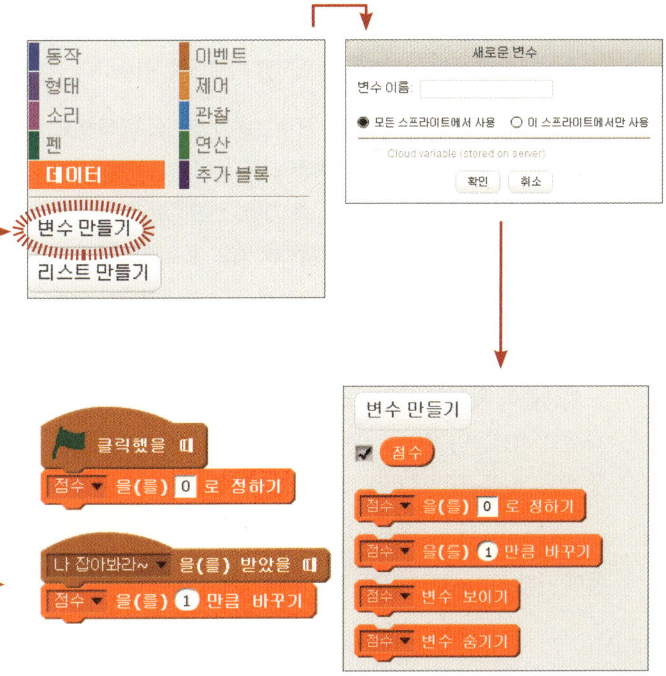

문제가 있나요? 괜찮아요! 이 방법대로 따라해 보세요.

- 아직도 변수를 어떻게 쓰는지 잘 모르겠다면 좀 더 많은 정보를 얻기 위해 다음 프로젝트를 확인해 보세요.
  http://scratch.mit.edu/projects/67941826
- 다음 참고 영상도 보세요.
  http://youtu.be/uXq379XkhVw
- 변수 만들기에 대해 더 배우거나 프로젝트에 점수를 추가하기 위해서는 점수를 사용한 게임에서 코드를 살펴보면서 공부해 보세요.

마무리하기

- 여러분의 프로젝트를 물고기 잡기 게임 스튜디오에 추가하세요.
  http://scratch.mit.edu/studios/1331420
- 어떻게 하면 점수를 사용해서 게임의 난이도를 높일 수 있을지 도전하세요.
- 여러분에게 아이디어를 주는 게임을 찾아 더 재미있게 다시 만들어 보세요.

UNIT 4 ACTIVITY

04 | 게임 확장하기

활동 시간
30~45분

학습 목표

이 활동을 끝내면 학생들은

- 일반적인 게임의 구조를 갖춘 프로그램을 탐색함으로써 조건, 연산자, 데이터의 개념에 익숙해질 수 있다.

학습 활동

확장 스튜디오의 샘플을 보여 주세요. 필요하면 학생들을 안내하기 위해 게임 확장하기 학습지를 사용할 수 있습니다.

학생들이 확장 스튜디오에서 프로그램의 코드를 탐색하고, 게임의 난이도를 높이거나 확장할 다른 방법을 조사할 시간을 주세요. 학생들이 미로 게임, 퐁 게임, 스크롤링 게임 중에서 하나 이상의 확장 방안을 선택하여 게임 프로젝트에 추가할 수 있도록 합니다. 학생들이 확장을 그들의 게임에서 실험하고 추가할 시간을 주세요.

학생들이 확장한 게임 프로젝트를 다른 사람과 공유하게 하세요. 학생들이 게임을 공유하고, 시범을 보이기 위해 짝 공유 활동이나 디자인을 미리 보게 하기를 권장합니다.

학생들이 디자인 저널 작성이나 모둠 토의를 통해 학습 질문에 답함으로써 설계 과정을 돌아볼 수 있게 해 주세요.

학습 준비물

- 게임 확장하기 학습지(워크북 98~99쪽)
- 확장 스튜디오
  http://scratch.mit.edu/studios/1331450

학습 질문

* 게임에서 난이도를 높이는 방법을 적어 보세요.
* 여러분은 게임 프로젝트를 확장하기 위해 어떤 것을 추가했나요?
* 어떻게 게임 프로젝트를 확장했는지 설명해 보세요.

학습 검토

학생들이 프로젝트에 확장 기능을 추가할 수 있었나요?

노트

- 학생들이 추가 지원이 필요하다고 하면 좀 더 많은 설계 과정을 볼 수 있도록 해 주세요. 즉, 하나의 확장 샘플 프로그램(예를 들어, 레벨)을 보여 주거나 게임 프로젝트에 확장을 추가할 수 있도록 도와주세요.
- 백팩(Backpack) 도구는 학생들이 확장 프로젝트의 일부분을 그들의 스타터 게임에 추가할 수 있게 도와줍니다. 다음 사이트에서 백팩에 대한 더 많은 학습 자료를 볼 수 있습니다.
  http://bit.ly/scratchbackpack

개인 노트

스크래치에서 어떻게 게임을 확장하고 더 재미있게 만들 수 있나요?

여러분의 스크래치 게임 프로젝트에 확장 기능을 추가하세요. 오른쪽의 확장 기능 중 최소한 하나(또는 그 이상)를 선택하고, 이전에 만들었던 미로 게임, 퐁 게임, 스크롤링 게임에 추가하세요.

시작하기

1. 확장 스튜디오에 들어가세요.
   http://scratch.mit.edu/studios/1331450
2. 새롭게 바꾸고 싶은 게임을 탐색하고 하나 이상의 프로젝트를 선택하세요.
3. 앞에서 만들었던 게임 프로젝트를 하나 선택하여 기능이 추가되도록 만들어 보세요.

도전해 보기

백팩은 스크래치에서 프로그래밍을 할 때 매우 유용한 도구입니다. 여기에는 코드 블록부터 음악 파일, 스프라이트 등에 이르기까지 모든 것을 저장할 수 있습니다. 여러분의 게임 프로젝트를 확장하기 위해 사용해 보세요.

마무리하기

- 미로 · 퐁 · 스크롤링 게임에 확장 버전을 추가하세요.
- 게임 프로젝트를 주변 친구들과 공유하고, 피드백을 주고받으세요.

점수 http://scratch.mit.edu/projects/67943144
점수를 설정하고 바꾸어 보세요. 스크래치 고양이가 클릭되었을 때마다 10점씩 얻도록 합니다.

레벨 http://scratch.mit.edu/projects/67944280
레벨을 바꾸어 보세요. 스페이스 바를 누를 때마다 1점씩 얻도록 합니다. 레벨은 10점마다 1레벨씩 올라가도록 합니다.

타이머 http://scratch.mit.edu/projects/67943776
타이머를 사용해 보세요. 스크래치 고양이가 고보를 잡기 위해 마우스를 움직여 안내하세요.

적 http://scratch.mit.edu/projects/67944460
적을 추가해 보세요. 위쪽과 아래쪽 화살표 방향 키를 사용해 테니스 공을 피하세요.

보상 http://scratch.mit.edu/projects/67944548
아이템을 수집해 보세요. 화살표 방향 키를 사용해 스크래치 고양이가 퀘스트 아이템을 모을 수 있도록 움직이세요.

마우스 http://scratch.mit.edu/projects/67944648
게임 플레이를 제어하기 위해 마우스를 프로그래밍해 보세요. 마우스로 막대를 움직이세요.

재시작 http://scratch.mit.edu/projects/67944720
게임을 다시 시작하는 버튼을 만들어 보세요. 재시작 버튼을 클릭하세요.

메뉴 http://scratch.mit.edu/projects/67945192
게임을 시작할 때 메뉴 화면을 화면에 나타나게 해 보세요. 메뉴의 시작 버튼 또는 방향 버튼을 클릭하세요.

멀티플레이어 http://scratch.mit.edu/projects/67945286
게임에 플레이어를 추가해 보세요. 플레이어 1은 피코가 미로를 통과하기 위해 방향 키를 사용하며, 플레이어 2는 나노가 미로를 통과하기 위해 W, A, S, D 키를 사용합니다.

UNIT 4 ACTIVITY

05 | 상호작용 퍼즐 풀기

활동 시간 30~45분

학습 목표

이 활동을 끝내면 학생들은

- 9개의 프로그래밍 퍼즐을 풀면서 프로젝트를 상호작용하게 하는 여러 가지 접근 방법을 탐색할 수 있다.
- 조건, 연산자, 데이터의 개념을 익히고 '테스팅하기'와 '디버깅하기'의 실습을 더 잘할 수 있다.

학습 활동

2~3명의 모둠을 만들어 학생들이 9개의 상호작용 프로그래밍 퍼즐을 푸는 스크래치 프로그램을 만들면서 스크래치를 탐색하게 하세요. 이 퍼즐을 통해 스크래치에서 상호작용과 관련된 고급 개념의 일부인 관찰 블록을 탐색할 수 있습니다. 학생들을 안내하기 위한 상호작용 학습지를 사용할 수 있습니다.

각각의 퍼즐을 푸는 방법은 여러 가지가 있습니다. 학생들 또는 모둠이 다양한 풀이법과 전략을 공유할 수 있도록 하세요. 학생들의 작업물을 공유하고 과정을 설명하는 활동으로 짝 공유와 디자인을 미리 보여 주기를 권장합니다. 학생들이 프로젝트를 상호작용 스튜디오나 학급 스튜디오에 추가하게 하세요.

학생들이 디자인 저널 작성이나 모둠 토의를 통해 학습 질문에 답함으로써 도전 과제를 돌아볼 수 있게 하세요.

학습 준비물

- 상호작용 퍼즐 풀기 학습지(워크북 100~101쪽)
- 상호작용 스튜디오
  http://scratch.mit.edu/studios/1331550

학습 질문

* 어느 퍼즐을 골라 활동했나요?
* 퍼즐을 풀기 위해 어떤 전략을 사용했나요?
* 여러분의 게임에 어느 퍼즐이 도움이 되었나요?

학습 검토

* 퍼즐을 다 풀었나요?
* 학생들이 퍼즐을 풀기 위해 여러 접근법을 탐색했나요?
* 학생들이 아직도 이해하지 못하는 블록이나 개념이 있나요? 여러분이 어떻게 도와줄 수 있을까요?

노트

- 학생들에게 탐색하길 원하는 새로운 블록이나 개념이 있는 도전 과제를 제시하세요. 또는 학생들이 자신만의 상호작용 퍼즐 전략을 고안하도록 하세요.
- 일찍 활동을 끝낸 학생을 위해서 또는 준비 활동 도전을 위해서 구조화되지 않은 활동으로 이 퍼즐들을 사용하세요. 각 퍼즐 설명의 복사본이 있는 퍼즐 단지를 만드세요. 학생들이 풀 퍼즐을 퍼즐 단지에서 선택하게 하세요.

개인 노트

정지된 그림이나 비디오가 스크래치 프로젝트와 어떻게 다릅니까?

스크래치에서 상호작용과 관련된 고급 개념을 사용한 9개의 퍼즐을 풀어 보세요. 일부 도전 과제는 해결 방법이 여러 개일 수 있습니다.

시작하기

9개의 상호작용 퍼즐을 위한 스크래치 프로그램을 만드세요.

퍼즐 1 : B 키를 누를 때마다 스프라이트는 점점 커집니다. S 키를 누를 때마다 점점 스프라이트는 작아집니다.

퍼즐 2 : 스프라이트가 큰소리를 들을 때마다 색깔이 바뀝니다.

퍼즐 3 : 스프라이트가 화면 윗부분의 25% 안에 가면 "나는 여기가 좋아."라고 말합니다.

퍼즐 4 : 스프라이트가 파란색에 닿을 때 높은 음을 연주하고, 스프라이트가 빨간색에 닿을 때 낮은 음을 연주합니다.

퍼즐 5 : 스프라이트 2개가 만나면 서로 "실례합니다."라고 말합니다.

퍼즐 6 : 고양이 스프라이트가 개 스프라이트와 가까워지면 개 스프라이트는 돌아서 고양이 스프라이트 쪽으로 달려갑니다.

퍼즐 7 : 배경을 클릭할 때마다 그 지점에 꽃이 나타납니다.

퍼즐 8 : 스프라이트를 클릭할 때마다 모든 스프라이트들이 춤을 춥니다.

퍼즐 9 : 마우스 포인터를 움직일 때마다 스프라이트가 마우스 포인터를 따라가지만, 마우스 포인터에 닿지는 않습니다.

문제가 있나요? 괜찮아요! 이 방법대로 따라해 보세요.

- 스크래치를 시작하기 전에 상호작용 퍼즐의 프로그래밍 방법에 관한 아이디어를 생각해서 디자인 저널에 적어 보세요.
- 주변 친구들과 함께 작업하세요. 짝과 함께 작업하는 것은 문제를 푸는 데 좋은 방법이 될 수 있으며, 스크래치로 프로그래밍하는 방법 중 새로운 생각을 얻을 수도 있습니다.

마무리하기

- 여러분이 만든 프로젝트를 상호작용 스튜디오에 추가하세요.
  http://scratch.mit.edu/studios/1331550
- 주변 친구들을 도와주세요.
- 각각의 퍼즐을 개발할 때 사용한 전략을 짝과 나누세요. 그리고 여러분의 방법과 짝의 방법에서 공통점과 차이점을 찾아 기록하세요.

UNIT 4 ACTIVITY

06 | 디버깅하기

활동 시간 15~30분

학습 목표

이 활동을 끝내면 학생들은

- 5개의 '디버깅하기' 도전 과제에서 문제를 조사하고 해결 방법을 찾아낼 수 있다.
- '테스팅하기'와 '디버깅하기' 실습을 통해 개념(조건, 연산자, 데이터)의 범위를 탐색할 수 있다.

학습 활동

학생들을 안내하기 위해 '디버깅하기' 학습지를 사용하세요.

학생들이 '디버깅하기' 스튜디오에서 '디버깅하기' 프로그램을 열 때, '디버깅하기' 학습지에 있는 링크를 활용하도록 도와주세요. 학생들이 '프로젝트 내부 보기' 버튼을 클릭해서 오류가 있는 프로그램을 조사하여 문제가 되는 코드를 고치고, 가능한 해결 방법을 시험해 보도록 격려해 주세요.

학생들이 각각의 '디버깅하기' 도전 과제를 시험해 보고 수정해 볼 수 있는 시간을 주세요. 학생들이 오류를 고치고 수정된 프로그램을 저장하기 위해 스크래치의 리믹스 기능을 사용하게 하세요.

학생들이 디자인 저널 작성이나 모둠 토의를 통해 학습 질문에 답함으로써 '테스팅하기'와 '디버깅하기'의 경험을 돌아볼 수 있게 하세요.

학생들이 문제를 발견하고 해결책을 찾는 전략을 모아 학급의 '디버깅하기' 전략 목록을 만드세요.

학습 준비물

- 디버깅하기 학습지(워크북 102~103쪽)
- 디버깅하기 스튜디오
  http://scratch.mit.edu/studios/1331618

학습 질문

* 오류는 무엇이었나요?
* 어떻게 오류를 확인했나요?
* 어떻게 오류를 고쳤나요?
* 오류를 고치는 데 다른 사람들은 어떤 접근법을 사용했나요?

학습 검토

* 학생들이 5개의 모든 오류를 찾을 수 있었나요? 그렇지 않았다면, 여러분은 그 프로그램에서 표현된 개념을 어떻게 설명해 줄 수 있을까요?
* 학생들이 사용한 '테스팅하기'와 '디버깅하기'의 전략의 차이는 무엇이었나요?

노트

이 활동은 특별히 조건(예를 들어, 만약), 연산자(예를 들어, 수학, 논리), 데이터(변수, 리스트)의 개념에 관해 추가적인 지원이 필요한 학생들을 선별할 수 있도록 도와줍니다.

개인 노트

도와주세요! 다음 5개의 스크래치 프로그램에서 오류를 수정할 수 있나요?

이 활동에서 여러분은 다음 5개의 프로젝트 오류를 수정해 보고 해결책을 찾는 활동을 하게 될 것입니다.

시작하기

1. '디버깅하기' 스튜디오에 들어가세요.
   http://scratch.mit.edu/studios/1331618
2. 스튜디오에 있는 5개의 '디버깅하기' 도전 과제를 점검하고 수정하세요.
3. 해결 방법을 기록하거나 오류가 있는 프로그램을 여러분의 해결 방법으로 재구성하세요.

디버깅 4.1
http://scratch.mit.edu/projects/67948768

스크래치 고양이가 새로운 아이템을 집어들 때 인벤토리 리스트는 업데이트되어야 합니다. 하지만 스크래치 고양이는 오직 랩탑만 들 수 있습니다. 어떻게 하면 프로그램을 고칠 수 있을까요?

디버깅 4.2 http://scratch.mit.edu/projects/67948698

스크래치 고양이는 노란 고보를 모을 때마다 10점을 얻습니다. 그리고 분홍색 고보에 부딪히면 10점을 잃습니다. 하지만 아무것도 일어나지 않습니다. 어떻게 하면 프로그램을 고칠 수 있을까요?

디버깅 4.3 http://scratch.mit.edu/projects/67948390

스크래치 고양이는 1~10 중의 수를 생각하고 있습니다. 하지만 추측을 확인하는 데 문제가 생겨서 제대로 작동하지 않습니다. 어떻게 하면 프로그램을 고칠 수 있을까요?

디버깅 4.4 http://scratch.mit.edu/projects/67948248

이 프로젝트에서 변수로 스크래치 고양이가 테니스 공을 잡을 때마다 1씩 올라갑니다. 하지만 변수가 1보다 더 많이 올라갑니다. 어떻게 하면 프로그램을 고칠 수 있을까요?

디버깅 4.5 http://scratch.mit.edu/projects/67948162

스크래치 고양이는 노란 사각형까지 미로를 통과하기 위해 안내합니다. 하지만 스크래치 고양이가 벽을 통과해 걸어갈 수 있습니다. 어떻게 하면 프로그램을 고칠 수 있을까요?

문제가 있나요? 괜찮아요! 이 방법대로 따라해 보세요.

- 프로그램에서 수정 가능한 오류의 목록을 만드세요.
- 여러분의 작업을 기록으로 남겨 두세요. 여러분이 이미 시도한 것이 무엇인지, 앞으로 무엇을 해야 할지 알려 줄 것입니다.
- 여러분에게 필요한 해결 방식을 찾을 때까지 문제 발견과 해결 방법을 주변 친구들과 공유하고 비교하세요.

마무리하기

- 스크립트에서 블록의 오른쪽을 클릭하여 코드 해설을 추가하세요. 이것은 다른 사람들이 여러분의 프로그램에서 차이가 있는 부분을 이해하기 쉽게 해 줍니다.
- '테스팅하기'와 '디버깅하기' 실습을 짝과 함께 토론하세요. 그리고 여러분의 전략과 비슷한 점과 다른 점을 적으세요.
- 주변 친구들을 도와주세요.

현재 학습 단계

0 1 2 3 4 **5** 6

학습 내용

UNIT

5

고급 기능

UNIT 5 SUMMARY

단원 개관

01 빅 아이디어

이 가이드북의 이전 버전이 공개된 후로, 교사들에게 많이 받은 피드백은 학생들을 지원하는 데 더 많은 시간이 필요하다는 것이었습니다. 교사들과 학생들은 이전 단원에서 만들어 낸 아이디어와 프로젝트에 대해 숙고하고, 논의하며, 확장할 시간이 필요하다고 요청했습니다. 이런 요청에 따라 이 책에서는 '고급 기능' 단원을 추가하였습니다.

고급 개념과 실습을 더 학습하는 것과 이전 경험을 논의하는 것은 학생들이 더 깊게 생각할 수 있는 기회를 제공합니다. 실제로 아는 것 같지만 명확하지 않은 것은 무엇인가? 학생들이 여전히 스크래치에 대해 알기 원하는 것은 무엇인가? 어떻게 다른 사람들이 학생들을 도울 수 있을까? 그리고 그들은 어떻게 다른 사람들을 도울 수 있을까? 이와 같은 질문들은 교사인 여러분에게도 더 깊이 생각할 수 있는 기회를 제공합니다.

학습 목표

학생들은

- 과거의 경험을 현재의 학습 목표와 필요에 따라 자기 평가 요소로 반영할 수 있습니다.
- 이전 프로젝트를 확장시킴으로써 스스로 재구성할 수 있습니다.
- 스크래치와 물리적 세상을 연결하는 다양한 하드웨어를 알 수 있습니다.
- 새로운 스크래치의 기능(비디오 센싱, 복제)을 탐색하면서 컴퓨팅 사고의 실습에 능숙해질 수 있습니다.
- 다른 사람을 위한 학습 경험을 설계하는 것을 실험할 수 있습니다.

주제어, 개념, 실습

- 비디오 센싱
- 동료 인터뷰
- 확장
- 복제
- 하드웨어

노트

- 여러분이 기대하던 것을 찾지 못했나요? 여러분과 학생들이 성공적으로 작업하기 위해 이 가이드북의 어떤 활동이든 자유롭게 재구성하고, 재사용하며, 재상상을 하세요.
- 스크래치 웹사이트에서 세부적인 교육과정을 위해 설계된 학습 계획, 활동, 자료를 찾을 수 있습니다.
  http://scratched.gse.harvard.edu

02 여러분만의 모험을 선택하세요

이 단원은 특별한 테마나 앞선 단원에서 본 것과 같은 장르에 주목하기보다 이전의 작업을 복습하고 더 깊이 생각하는 시간을 주기 위해 제작되었습니다. 이 단원의 활동은, 이전에 도전한 활동에 대해 다시 논의하고, 기능을 확장하며, 실습을 개선하면서 창의 컴퓨팅에 대해 깊이 생각하도록 탄력적이고 유연하게 운영되었으면 합니다.

먼저 학생들이 이전의 작업을 복습하도록 안내하면서 시작하세요. 학생들 스스로 '무엇을 배웠나요?' 활동에서 학습 목표에 대해 스스로 평가하도록 하세요.

학생들이 원하는 후속 활동을 선택하여 스크래치에 대해 더 논의하도록 격려하세요.

03 학습 경로

세션 1	세션 2	세션 3	세션 3	세션 4	세션 5
무엇을 배웠나요?	두 번째 라운드	고급 개념	하드웨어 확장하기	창의 컴퓨팅 설계	나의 디버깅 프로그램 만들기
여러분은 무엇을 알고 있나요? 여러분은 무엇을 알기 원하나요? 여러분은 무엇을 배웠나요?	이전 프로젝트 재구성하기, 빠진 활동으로 돌아가기, 새로운 것을 배우기 위해 도전해 보세요.	비디오 센싱이나 복제를 탐색하여 프로젝트를 만들어 보세요.	스크래치로 만드는 것은 화면의 제약을 벗어날 수 있습니다.	다른 사람들이 시도해 볼 수 있도록 학습 경험을 설계해 보세요.	여러분 스스로 오류 수정 프로그램을 만들고 다른 사람이 풀 수 있는지 알아보세요.

UNIT 5 ACTIVITY

01 | 무엇을 배웠나요?

활동 시간 30~45분

학습 목표

이 활동을 끝내면 학생들은
- 이전의 프로젝트와 경험을 반영할 수 있다.
- 현재의 지식과 학습 목표를 스스로 평가할 수 있다.
- 자기 주도 학습 활동에서 개인적인 학습 관심사를 추구할 수 있다.

학습 활동

학생들은 자기 주도 학습 활동에서 현재 이해한 것을 반영하고, 관심사에 기반한 새로운 지식을 만들어 낼 것입니다. '무엇을 배웠나요?' 학습지를 활용하는 것도 가능합니다.

학생들이 이미 알고 있는 것과 스크래치와 창의 컴퓨팅에 대해 알았으면 하는 것들을 반영하세요. 학생들이 '무엇을 배웠나요?' 자기 평가 학습지나 디자인 저널에 학습 질문의 첫 번째와 두 번째 질문에 답하도록 말해 주세요.

다음으로, 학생들이 '여러분이 알고 싶은 것은 무엇인가요?'에 답하면서 자신들의 학습적인 관심사를 추구할 수 있는 시간을 주세요.

마지막으로, 학생들이 자기 평가 학습지나 디자인 저널에 학습 질문의 세 번째와 네 번째 질문에 답하도록 해 주세요.

학생들이 서로 학습의 관심사와 반영한 것들을 공유하도록 도와주세요. 2명씩 짝을 이루고 번갈아 가며 창의 컴퓨팅 과정과 자기 평가, 연구에 대해 인터뷰하도록 하세요.

노트

학생들이 지식이 많은 사람들의 도움받기, 가족이나 친구들에게 질문하기, 스크래치 토론 포럼에 질문 올리기 등의 여러 방법을 찾을 수 있도록 도와주세요.

학습 준비물

- 무엇을 배웠나요? 학습지(워크북 110~111쪽)
- 스크래치 위키
  http://wiki.scratch.mit.edu
- 스크래치 토론 포럼
  http://scratch.mit.edu/discuss
- 스크래치에서 자주 묻는 질문
  http://scratch.mit.edu/help/faq

학습 질문

* 여러분은 무엇을 알고 있나요?
* 여러분은 무엇을 알기 원하나요?
* 여러분은 무엇을 배웠나요?
* 여러분이 알기 원하는 것을 조사하기 위한 전략은 무엇인가요?

학습 검토

* 학생들이 알기 원하는 것을 배울 수 있었나요?
* 학생들이 사용한 전략과 자원은 무엇인가요?

개인 노트

이름 :

여러분은 창의 컴퓨팅과 스크래치에 대해서 무엇을 배웠나요? 이후에 무엇을 더 배우고 싶은가요?

이번 활동은 여러분에게 더 멋진 생각을 할 기회를 줄 것입니다. 스크래치의 어떤 부분이 좋은가요? 스크래치의 어떤 기능을 더 사용하길 원하나요? 여러분이 더 알고 싶은 것을 배우기 위해 노력했던 점과 다양한 기능, 자원을 활용한 경험을 공유해 주세요.

여러분은 지금까지 스크래치에 대해 무엇을 배웠나요?

(지금까지 스크래치 프로젝트 디자인 경험을 통해 스크래치와 창의 컴퓨팅에 대해 알고 있는 것을 적어 보세요)

여러분은 스크래치의 어떤 것을 더 배우길 원하나요?

(개인적인 관심사에 대해 고민해 보고, 이후에 스크래치의 기능 중 더 배우고 싶고 만들고 싶은 것의 목록을 적어 보세요)

여러분은 이 프로젝트를 진행하면서 무엇을 배웠나요?

(위에 적은 내용을 조사하기 위한 자료를 모아 보세요. 그리고 여러분이 조사한 내용에서 배운 것을 공유해 보세요)

UNIT 5 ACTIVITY

02 | 두 번째 라운드

활동 시간 45~60분

학습 목표

이 활동을 끝내면 학생들은

• 이전의 작업을 재구성할 수 있거나 이전에 넘어갔거나 완성하지 못했던 단원의 활동을 할 수 있다.

학습 활동

필요하면 0단원부터 5단원까지의 학습지를 볼 수 있도록 학생들을 안내하세요.

학생들에게 다음과 같은 자기 주도적 시간을 주세요.

1. 이전 프로젝트를 상상하거나 확장하면서 자신의 프로젝트 재구성하기
2. 이전의 단원 활동 중 넘어가거나 완성하지 못했던 것을 다시 논의하고 수행하기

학생들이 스스로 재구성한 것이나 다른 사람과 함께 활동한 결과물을 서로 공유하도록 하세요. 짝 활동을 하거나 미리 디자인을 볼 수 있도록 하는 방법도 활용하세요.

학생들이 디자인 저널 작성이나 모둠 토의를 통해 학습 질문에 답하면서 설계 과정을 돌아보도록 안내하세요.

학습 준비물

0단원부터 5단원까지의 학습지

학습 질문

* 그 프로젝트를 선택한 이유는 무엇인가요?
* 만약 시간이 더 주어진다면 무엇을 더 디자인하겠습니까?

학습 검토

* 학생들 스스로 재구성하거나 활동을 했나요?
* 학생들의 관심사에 대해 알게 된 것은 무엇인가요?
* 학생들에게 더 지원해야 할 부분은 무엇인가요?

노트

• 학생들이 디자인 저널이나 스크래치 프로필을 살펴보면서 이전에 공부하고 활동했던 것을 복습하게 하세요.

• 학생들에게 기발한 아이디어를 주었던 1단원의 나의 스튜디오 프로젝트를 살펴볼 수 있도록 독려하세요.

개인 노트

지난 단원에서의 활동들을 재구성해 볼까요?

UNIT 0

UNIT 1

UNIT 2

UNIT 3

UNIT 4

UNIT 5 ACTIVITY

03 | 고급 개념

활동 시간
30~45분

학습 목표

이 활동을 끝내면 학생들은

- 비디오 센싱이나 복제 기능을 탐색하는 프로젝트를 만들면서 컴퓨팅 사고의 개념(이벤트, 병렬, 데이터)과 컴퓨팅 사고의 실습(실험하기와 반복하기, 테스팅하기와 디버깅하기, 재사용하기와 재구성하기, 추상화하기와 모듈화하기)에 훨씬 더 능숙해질 수 있다.

학습 활동

고급 개념, 비디오 센싱 예시, 복제 예시 스튜디오에서 샘플 프로젝트를 보여 주고, 학생들이 비디오 센싱과 복제 기능을 제어할 수 있는 블록과 친숙해질 수 있도록 하세요.

학생들에게 샘플 프로그램의 코드를 탐색할 시간을 주세요.

학생들이 다른 사람과 탐구한 것을 공유할 수 있게 합니다. 그리고 친구들끼리 디자인한 프레젠테이션을 미리 볼 수 있도록 하고, 프로젝트를 고급 개념 스튜디오나 학급 스튜디오에 추가할 수 있도록 합니다.

학생들이 디자인 저널 작성이나 모둠 토의를 통해 학습 질문에 답하면서 설계 과정을 돌아보도록 안내하세요.

학습 준비물

- 고급 개념 스튜디오
  http://scratch.mit.edu/studios/1331716
- 비디오 센싱 기능 사용하기 학습지(워크북 115, 117쪽)
- 비디오 센싱 예시 스튜디오
  http://scratch.mit.edu/studios/1331728
- 복제 기능 사용하기 학습지(워크북 116~117쪽)
- 복제 예시 스튜디오
  http://scratch.mit.edu/studios/1331740

학습 질문

* 여러분은 어떤 고급 개념을 선택해서 탐색하고 싶은가요?
* 여러분은 사용하고 싶은 고급 기능을 더 배우기 위해 어떻게 하였나요?

학습 검토

프로젝트를 통해 하나 또는 그 이상의 고급 개념을 탐색할 수 있나요?

노트

- 비디오 센싱 기능을 탐색하길 원하는 학생들은 웹캠이 있는 컴퓨터가 필요할 것입니다.
- 학생들이 백팩 도구 상자를 이용해서 샘플 프로젝트의 코드를 가져오고 재구성하는 데 쓸 수 있다는 것을 상기시켜 주세요.

개인 노트

비디오 센싱이나 복제 기능 등의 고급 개념을 사용하여 프로젝트를 만들어 볼까요?

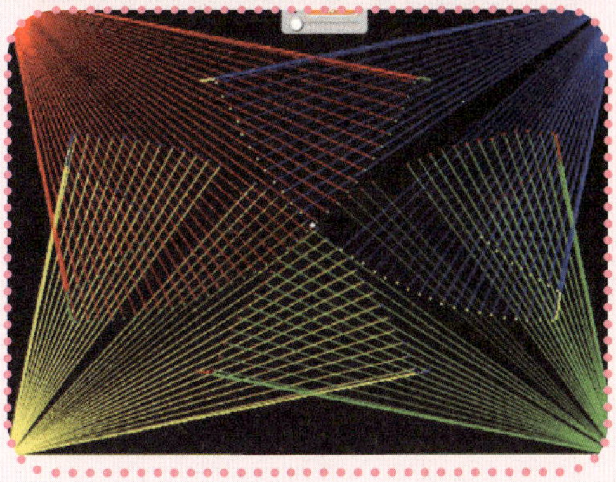

비디오 센싱 기능 사용하기

여러분은 스크래치 프로젝트에서 비디오 센싱 기능을 어떻게 사용할 수 있을까요?

여러분은 웹캠을 통해 스크래치 프로젝트와 상호작용할 수 있다는 것을 알고 있나요? 비디오 센싱 기능을 이용하여 프로젝트를 만들고 스크래치의 고급 개념을 살펴보세요.

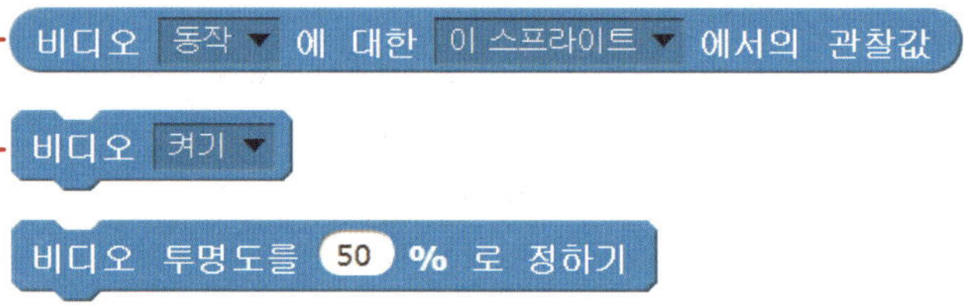

시작하기

1. 기존에 만들었던 스크래치 프로젝트나 새로운 스크래치 프로젝트를 열어서 비디오 센싱 기능을 추가하세요.
2. 관찰 카테고리에서 비디오 센싱 기능 블록을 확인하세요.
3. 비디오의 기능을 살펴보고 비디오를 켭니다. 비디오 투명도를 설정하여 비디오 동작을 감지하는 프로젝트를 계획하세요.

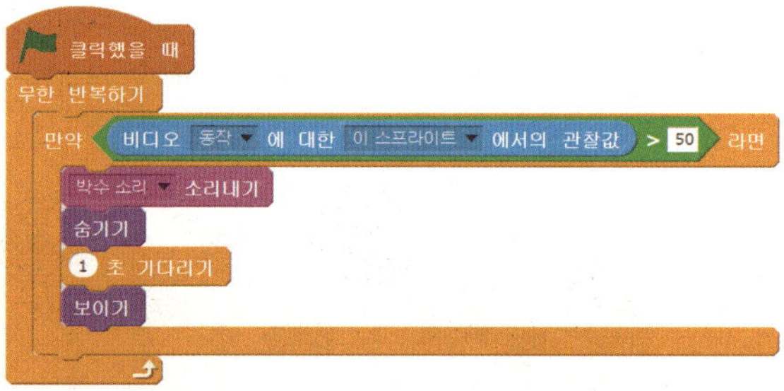

도전해 보기

- 웹캠이 잘 연결되었는지 확인하세요. 블록에 있는 비디오 켜기를 사용해서 자신의 얼굴이 보이는지 살펴보세요.
- 웹캠이 잘 보이지 않는다고 실망하지 마세요. 그래도 괜찮습니다. 비디오 센싱 스튜디오에 있는 다른 사람들의 프로젝트를 살펴보세요. 그들이 비디오 블록을 어떻게 사용하고 있는지 보고, 비디오 센싱 기능에 대해 더 배울 수 있도록 도움말을 보세요.

마무리하기

- 고급 개념 스튜디오에 여러분의 프로젝트를 추가하세요.
  http://scratch.mit.edu/studios/1331716
- 여러분이 이미 만든 프로젝트 중 하나를 선택해 비디오 센싱 기능을 추가하세요.
- 주변 친구들을 도와주세요.
- 비디오 센싱 스튜디오에 올라온 프로젝트를 선택해 다시 바꾸어 보세요.

UNIT 5

복제 기능 사용하기

여러분은 스크래치 프로젝트에서 복제 기능을 어떻게 사용할 수 있을까요?

복제는 같은 스프라이트를 손쉽게 여러 개 만들 수 있는 기능입니다. 여러분은 복제 기능을 사용하여 다른 객체를 만들 수 있고, 프로젝트에서 멋진 효과를 낼 수도 있습니다.
복제 기능을 활용한 프로젝트를 만들면서 스크래치의 고급 개념을 탐색해 보세요.

시작하기

1. 기존에 있던 스크래치 프로젝트나 새로운 스크래치 프로젝트를 열어 복제 기능을 실습해 보세요.
2. 제어 카테고리에서 복제 블록을 확인하세요.
3. 스프라이트를 똑같이 복제하기 위해 블록을 실습해 보세요. 복제된 스프라이트가 처리할 명령을 정의해 보세요.

도전해 보기

- 복제한 것이 잘 보이지 않는다면, 같은 위치에 원래의 스프라이트가 겹쳐 있는지 확인하세요. 원래의 스프라이트가 복제물 위에 겹쳐 있으면 하나로 보입니다.
- 복제 스튜디오에 있는 다른 사람들의 프로젝트를 살펴보세요. 그들이 복제 기능을 어떻게 사용하고 있는지 보고, 복제하는 방법이나 복제 블록을 시작하는 것에 대해 더 배울 수 있도록 도움말을 보세요.

마무리하기

- 여러분의 프로젝트를 복제 스튜디오에 추가하세요.
  http://scratch.mit.edu/studios/1331740
- 여러분이 만든 프로젝트 중 하나에 복제 기능을 추가하세요.
- 주변 친구들을 도와주세요.
- 복제 스튜디오에 올라온 프로젝트를 새롭게 고쳐 보세요.

UNIT 5 ACTIVITY

04 | 하드웨어 확장하기

활동 시간 45~60분

학습 목표 이 활동을 끝내면 학생들은
- 물리적 세계와 스크래치의 디지털 세계를 연결해 주는 다양한 하드웨어의 확장을 배울 수 있다.

학습 활동

이곳에서는 스크래치 프로그램에 하나 이상의 하드웨어 제품을 연결하는 활동을 합니다. 학생들에게 스크래치가 다른 기술과 레고 위두(LEGO WeDo), 마키 마키(MaKey MaKey), 피코보드(PicoBoard)와 같은 하드웨어를 연결해 주는 방법임을 소개하세요. '다른 기술과 스크래치를 어떻게 연결할 수 있나?'의 동영상에서 사례들을 보여 주세요.

학생들을 2~4명의 모둠으로 나누세요. 각 모둠별로 하나 이상의 하드웨어 확장을 위한 물리적 세계의 구성 요소를 포함하는 스크래치 프로젝트를 탐색할 시간을 주세요.

각 모둠이 다른 사람들과 창작물을 공유할 수 있게 하세요. 갤러리 워크나 피드백 코너를 추천합니다.

학생들이 디자인 저널 작성이나 모둠 토의를 통해 학습 질문에 답하면서 디자인 과정을 돌아보도록 안내하세요.

학습 준비물

- 하드웨어 확장하기 학습지(워크북 118~119쪽)
- 레고 위두(LEGO WeDo) 양식
  http://bit.ly/LEGOWeDo
- 마키 마키(MaKey MaKey)
  http://makeymakey.com
- 피코보드(PicoBoard)
  https://www.sparkfun.com/products/10311
- '다른 기술과 스크래치를 어떻게 연결할 수 있나?' 동영상
  http://bit.ly/hardwareandextensions

학습 질문

* 여러분은 어떤 하드웨어를 선택해서 확장하고 싶나요?
* 여러분은 어떻게 디지털 세계와 물리적 세계를 연결했나요?
* 무엇이 어려웠나요?
* 무엇이 놀라웠나요?

학습 검토

학생들의 작업은 디지털과 물리적인 구성 요소를 가지고 있나요?

노트

- 큰 모둠을 만들어 활동해 보세요. 루브 골드버그 머신과 같은 일련의 반응을 프로젝트와 연결하도록 레고 위두를 사용하여 도전하세요. 다음 샘플을 참고하세요.
  http://bit.ly/ScratchChainReaction
- 스크래치 프로젝트 편집기에서 '추가 블록' 카테고리 아래 확장 추가 버튼을 클릭하여 하드웨어 확장을 제어하는 스크래치 블록을 활성화하세요.

개인 노트

스크래치 프로그램에 하드웨어를 연결해 볼까요?

UNIT 5 ACTIVITY

05 창의 컴퓨팅 설계

활동 시간 30~45분

학습 목표

이 활동을 끝내면 학생들은

- 스크래치와 컴퓨팅 사고의 창의성에 대해 더 배울 수 있도록 다른 사람들을 지원하는 자원과 활동을 디자인할 수 있다.

학습 활동

학생들이 여러분처럼 가르치는 일을 경험하게 하세요. 다른 사람의 창의 컴퓨팅에 대한 탐구를 돕도록 활동이나 자원을 디자인하는 일에 학생들 스스로 창조하고, 재구성하며, 재상상하도록 하세요. 필요하면 '활동 디자인' 학습지를 추가 제공하여 사용할 수 있습니다.

학생들이 창의적인 경험을 할 수 있도록 브레인스토밍하고 상상할 수 있게 도와주세요. 필요하면 샘플 프로젝트 아이디어와 이 가이드북의 활동을 복습하게 하세요. 또한 스크래치 카드 자원과 스크래치 설계 스튜디오 목록을 탐색하도록 독려하세요.

학생들에게 자신이 활용한 프로젝트를 가족, 친구와 공유하거나, 다른 반 동아리에서 멘토 역할을 수행하게 함으로써 다른 학습자에게 기회를 주세요.

학생들이 디자인 저널 작성이나 모둠 토론을 통해 학습 질문에 답하면서 디자인 과정을 돌아보도록 안내하세요.

학습 준비물

- 창의 컴퓨팅 설계 학습지(워크북 120~123쪽)
- 스크래치 카드
  http://computing.or.kr/scratch/
- 스크래치 설계 스튜디오 목록
  http://scratch.mit.edu/users/ScratchDesignStudio/

학습 질문

* 여러분이 만든 디자인이나 자원을 사용할 누군가를 생각할 수 있나요?
* 여러분이 만든 디자인이나 자원을 통해 사람들이 무엇을 배우길 바랍니까?
* 여러분의 디자인이나 자원을 사용함으로써 학생들은 어떤 도전을 경험하게 되나요? 여러분은 도전하는 학생들에게 어떤 도움을 줄 수 있을까요?

학습 검토

여러분이 만든 디자인이나 자원은 창의 컴퓨팅을 소개하고 탐색할 수 있도록 구성되었나요? 여러분은 학생들에게 어떤 피드백을 제공할 수 있나요?

노트

다른 사람들의 학습을 돕는 것에 특별히 관심을 가지고 있는 학생들은 수업 시간, 방과후나 점심시간 등의 스크래치 동아리 활동에서 동료의 멘토 역할을 훌륭히 수행할 수 있습니다.

개인 노트

다른 친구에게 창의 컴퓨팅과 스크래치 활동을 도울 수 있는 방법이 있나요?

다른 친구들이 스크래치를 배우도록 도울 수 있는 활동을 디자인해 보세요. 이것은 컴퓨터 없이 하는 활동도 가능하고 프로젝트로서도 가능합니다. 그리고 문제점을 수정하는 디버깅 활동이 될 수도 있습니다. 여러분은 새로운 형식의 활동이나 학습지를 만들 수도 있습니다. 아래의 질문을 활용하여 브레인스토밍해 보고 세부적인 활동과 학습지를 만들어 보세요.

이 활동은 누구를 위한 것인가요?

(이 활동은 누구를 대상으로 합니까? 여러분은 누구에게 스크래치와 창의 컴퓨팅 활동을 하도록 도와주겠습니까?)

여러분이 도와준다면 친구들은 무엇을 배우게 될까요?

(이 활동의 학습 목표는 무엇입니까? 여러분이 만든 활동을 통해 다른 친구들이 무엇을 새롭게 배우길 원하나요?)

이 활동을 위해 친구들은 무엇이 필요한가요?

(친구들에게 무엇이 제공되어야 합니까? 여러분의 성공적인 활동을 위해 더 도울 것은 없나요?)

UNIT 5 ACTIVITY

제 목

활동 시간
~ 분

학습 목표

이 활동을 끝내면 학생들은(2가지 학습 목표)
-
-

학습 활동

프로젝트 안내

학생들이 만들 것은 무엇인가요? 그들은 무엇을 해야 하나요?

학생들은 작품을 어떻게 다른 친구와 공유하나요?

학생들은 생각을 디자인에 어떻게 표현하나요?

학습 준비물

프로젝트의 학습 자료, 스튜디오, 학습지 등
-
-

학습 질문

3개의 학습 질문

*
*
*

학습 검토

학습자들이 완료한 활동을 검토하기 위한 2가지 방법

*
*

노트

지식과 경험, 정보
-
-
-

개인 노트

프로젝트 개요

프로젝트 설명

프로젝트 설계 그림

시작하기 프로젝트 명령어 설명

1

2

3

프로젝트 명령어를 그림으로 나타내기

도전해 보기

새롭게 시도해 볼 것 3가지

-
-
-

마무리하기

마무리 시간에 할 3가지 활동

-
-
-

UNIT 5 ACTIVITY

06 | 나만의 디버깅 프로그램 만들기

활동 시간 15~30분

학습 목표

이 활동을 끝내면 학생들은

- 디버깅 프로그램 만들기에 도전함으로써 컴퓨팅 사고의 실습(실험하기와 반복하기, 테스팅하기와 디버깅하기, 재사용하기와 재구성하기, 추상화하기와 모듈화하기)에 능숙해질 수 있다.

학습 활동

학생들을 안내하기 위해 '나만의 디버깅 프로그램 만들기' 학습지를 사용할 수 있습니다.

학생들에게 다른 사람들이 풀 수 있도록 '나만의 디버깅 프로그램 만들기'에 도전할 수 있는 기회를 주세요. 이를 통해 세부적인 컴퓨팅 사고의 개념을 이해하고, 스크래치 블록을 사용하여 상호작용 속에 다른 어떤 프로그래밍에 초점을 맞춘 디버깅 프로그램을 만들 수 있습니다. 학생들이 스크래치 프로젝트를 개발하는 동안 시행착오를 겪으면서 아이디어를 얻을 수 있도록 격려하세요.

학생들에게 친구들이 만든 오류가 있는 프로젝트를 점검해 보고 수정해 볼 수 있게 합니다. 필요하면 학생들이 '디버깅하기' 프로그램을 '나만의 디버깅 스튜디오' 또는 '학급 스튜디오'에 올릴 수 있도록 하세요.

디자인 저널 작성이나 모둠 토론을 통해 학습 질문에 답하면서 문제 만들기 방법에 재반영하도록 하세요.

학습 준비물

- 나만의 디버깅 프로그램 만들기 학습지(워크북 124~125쪽)
- 나만의 디버깅 프로그램 만들기 스튜디오 http://scratch.mit.edu/studios/475637

학습 질문

* 오류는 무엇이었나요?
* 여러분은 무엇으로부터 아이디어를 얻었나요?
* 다른 사람들이 오류를 조사하고 해결하는 것을 어떻게 생각했나요?
* 오류를 찾고 수정하는 데 여러분이 기대했던 것보다 나은 접근 방법이 다른 사람에게 있었나요? 그들의 전략은 무엇이었나요?

학습 검토

* 학생들의 프로젝트가 해결해야 하는 디버깅 프로그램 만들기 도전을 포함하고 있나요?
* 학생들이 '테스팅하기'와 '디버깅하기' 위해 사용한 다른 전략은 무엇인가요?

노트

- 스크래치 웹사이트 프로젝트 페이지의 노트에 도전 설명을 포함하도록 학생들에게 알려 주세요.
- 추가적인 시간이나 워밍업 활동이 필요합니까? 학생들이 '나만의 디버깅 프로그램 만들기' 스튜디오에 다른 사람들이 작성한 디버깅 프로그램으로 문제 탐색과 문제 해결 기능을 연습하게 하세요.

개인 노트

여러분이 직접 디버깅 프로그램을 디자인할 시간입니다. 만들 준비가 되었나요?

이 활동에서 여러분은 다른 친구들이 분석하고, 수정하며, 새롭게 만들 디버깅 프로그램 만들기에 도전하게 될 것입니다.

시작하기

1. 여러분이 프로젝트를 만들고 오류를 수정하면서 만났던 여러 종류의 오류가 있는 프로그램을 생각해 보세요.
2. 여러분이 프로젝트에서 만들어 낼 수 있는 다양한 오류 코드의 목록을 작성해 보세요. '나만의 디버깅 프로그램 만들기'는 고급 개념, 블록, 상호작용을 이해하고, 다른 프로그래밍에의 도전에 초점을 맞출 수 있습니다.
3. 디버깅 프로그램을 만드세요.

디버깅 프로그램 만들기 계획

개인 노트

마무리하기

- 여러분의 디버깅 프로그램 만들기 도전을 '나만의 디버깅 프로그램 만들기' 스튜디오에 추가하세요.
  http://scratch.mit.edu/studios/1331776
- 다른 사람과 디버깅 프로그램을 바꿔서 실행해 보고, 각자 상대방의 오류가 있는 프로그램을 수정해 보세요.
- 주변 친구들을 도와주세요.
- '나만의 디버깅 프로그램 만들기' 스튜디오에 있는 다른 프로그램을 수정해 보세요.

현재 학습 단계

0 1 2 3 4 5 **6**

학습 내용

UNIT

6

해커톤

(팀 프로젝트)

UNIT 6 SUMMARY

단원 개관

01 빅 아이디어

마지막 단원에서 학생들은 자신이 선택한 자유 프로젝트를 만들면서 창의 컴퓨팅 경험을 쌓을 수 있을 것입니다. 우리는 해커톤 방식을 적용하여 여러분과 여러분의 학생들이 자유 프로젝트를 만드는 것을 도와줄 것입니다.

최적의 시간에 배우고, 문제를 해결하고, 반복해서 계획–제작–공유 과정을 격려하며, 연결하고 협력하는 환경을 즐기는 분위기가 바로 해커톤(팀 프로젝트)입니다. 해커톤은 해킹(hacking)과 마라톤(marathon)의 합성어로 서로의 아이디어를 해킹하듯 교환하면서 결론이 날 때까지 마라톤을 하듯 멈추지 않고 협동 프로젝트를 수행하는 것입니다. 해커톤은 창의 컴퓨팅의 궁극적인 경험이 될 것입니다.

학습 목표

학생들은

- 해커톤 이벤트의 개요를 이해할 수 있습니다.
- 컴퓨팅 사고의 개념(시퀀스, 반복, 이벤트, 병렬, 조건, 연산자, 데이터)과 실습(실험과 반복, 테스팅과 디버깅, 재사용과 재구성, 추상화와 모듈화)을 정의하고 개발하며, 개인적으로 의미 있는 발표나 자기 주도적인 프로젝트를 통해 논증할 수 있습니다.
- 또래 팀의 작업, 공유하기, 피드백을 통해 협력을 위한 다양한 기회를 가질 수 있습니다.

주제어, 개념, 실습

- 해커톤
- 디자인하기
- 프로젝트 준비
- 인터뷰 그룹
- 발표

노트

이번 차시는 혼자하거나 공동 프로젝트 작업으로 진행할 수 있습니다.

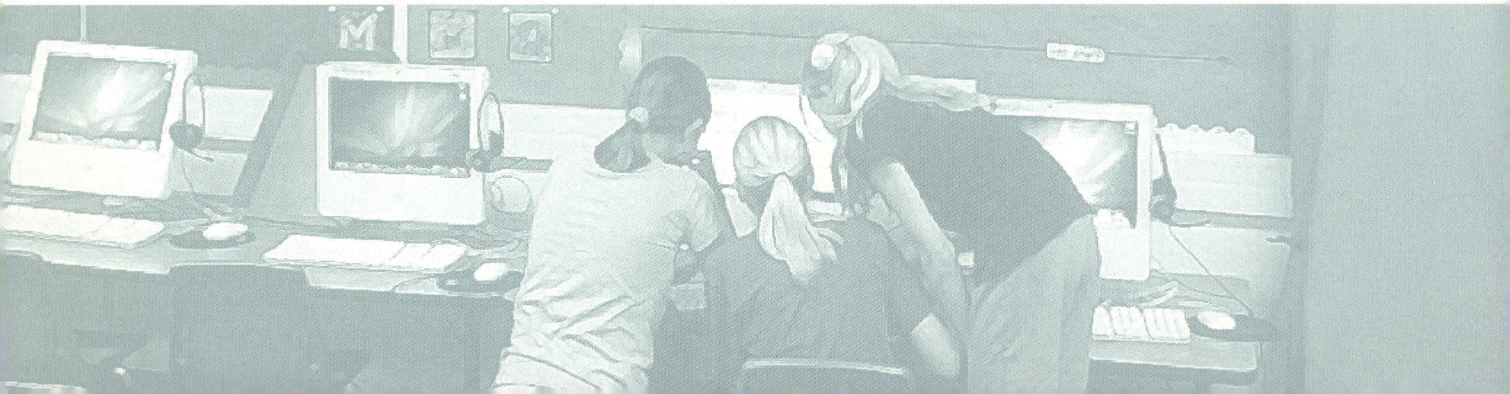

02 해커톤이란?

'해킹'이라는 말이 요즘은 부정적인 의미로 많이 쓰이지만 초창기에는 재미, 호기심, 끈기, 창의성을 의미하며 놀이처럼 해 오던 기술이었습니다. 이러한 해킹의 역사를 돌아볼 때 '창의적인 프로그램을 함부로 도용하는 해킹'은 해킹의 많은 의미들 중 하나일 뿐입니다. 다른 사람의 프로그램을 도용하는 것이 아니라면 해킹을 하는 방법을 배우는 것이 학생들에게 더 나은 창의 컴퓨팅을 길러 주기 위한 방법은 아닐까요?

해커톤은 해킹의 즐거운 창의성과 함께 매우 집중적이고 제한된 시간이라는 특징을 가지고 있습니다. 이번 차시에서 학생들은 브레인스토밍하고 프로젝트를 개발하며 계획–제작–공유를 계속 반복하는 과정을 통해 만든 최종 작품을 발표할 것입니다.

해커톤은 자신과 연관된 프로젝트를 공들여 개발해 보고 싶어 하는 학생들에게 매우 좋은 기회가 될 것이며, 협력 팀 프로젝트나 개인적인 마지막 프로젝트로 개발될 수 있습니다. 이것은 학생들에게 스크래치로 배운 것을 표현해 보고 그 능력을 확산시키며, 조합적이고, 창조적이며, 융통성 있고, 재미있는 학습 환경 속에서 아이디어를 발전시키고 시험하기 위한 기회가 될 것입니다.

03 이 프로그램은 어떻게 실행되나요?

해커톤이 진행되는 동안 학생들은 계획, 제작, 공유의 과정을 반복적으로 수행하게 될 것입니다. 이러한 반복적인 과정은 상상, 창조, 반성의 의미 있는 행동을 계속 할 수 있도록 학생들을 독려하는 역할을 하게 될 것입니다.

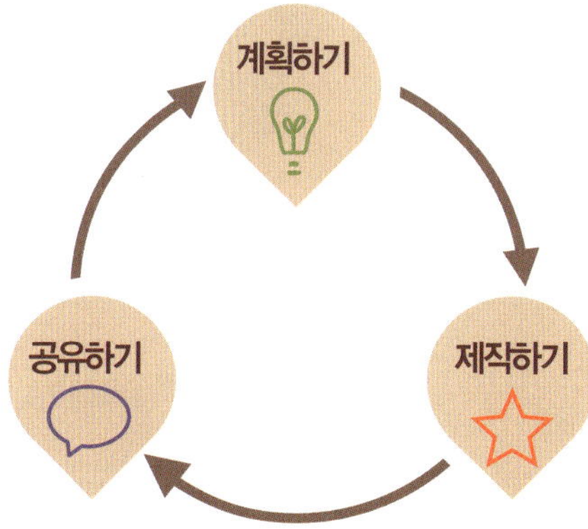

계획하기
여러분이 만들어 보고 싶은 것은 무엇인가요? 아이디어를 떠올려 보고 활동 계획을 준비해 봅시다.

제작하기
다른 사람의 도움과 다양한 자료를 이용해서 프로젝트를 제작하고 발전시켜 봅시다.

공유하기
다른 사람들과 프로젝트를 공유해 보고 다음 단계를 위한 조언을 들어 봅시다.

04 학습 경로

이 단원의 해커톤 활동은 협력 학습 환경과 개방 환경에서 학생들이 더 복잡한 프로젝트를 제작하기 위해 도전하도록 제작되었습니다.

이 활동에서는 프로젝트를 만들면서 겪게 되는 문제를 끈기 있게 해결하는 모습, 좌절하지 않고 실패를 딛고 일어서는 모습, 결과보다는 과정을 중시하는 모습, 협력하며 함께 즐기는 모습을 배우게 될 것입니다.

여러분을 위해 계획–제작–공유의 과정을 다음과 같이 활동 순서로 안내합니다.

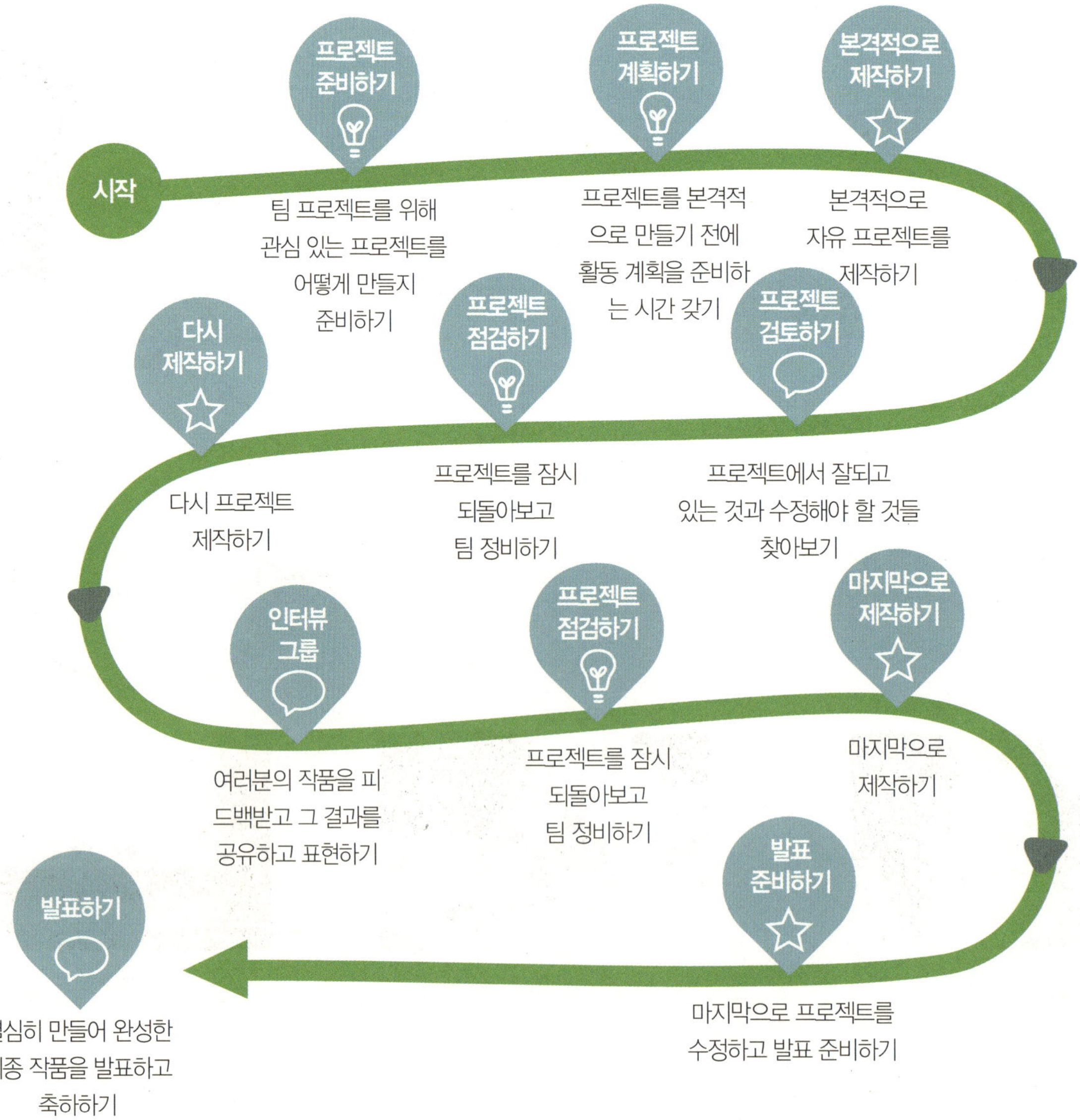

누구와 같이 할까?
재미있는 프로젝트가 되어야 할텐데….
무엇을 만들어 볼까?
우리 언제 만날까?
만날 때 자기 계획들을 만들어 와.
우리팀 프로젝트가 가장 재미있을걸.
자, 이제 만들어 보자. 계획대로 잘 만들어야 돼.
지금까지 만든 프로젝트를 다시 만들자.
프로젝트
더 좋은 아이디어가 생각났어!
우리 그동안 너무 게을렀어.
아자!
자! 또 시작이다. 우리 열심히 해 보자.
우리 프로젝트가 제일 나을 것 같아.
휴, 힘들다. 이제 얼마 남지 않았어. 서로의 아이디어를 모아보자.
이제 다 만들었다. 모두들 고생했어.
어, 이 부분 수정해야겠는걸.
누구에게 우리 작품을 보여 줄까!
어, 우리 프로젝트를 재미있어 하는걸. 성공한 것 같아.
선생님이 지적하신 부분 다시 살펴보자.
발표할 시간이 다가오니 떨리는걸.
나 화장실 좀 다녀올게.

UNIT 6 ACTIVITY

01 | 프로젝트 준비하기

활동 시간
30~45분

학습 목표

이 활동을 끝내면 학생들은
- 관심 분야의 프로젝트 아이디어를 브레인스토밍할 수 있다.
- 팀 프로젝트를 만들기 위한 아이디어나 기능 등을 준비할 수 있다.

학습 활동

학생들에게 준비 활동의 개념을 소개합니다. 준비 과정을 통해 학생들은 다른 팀으로부터 팀원을 모집하기 위해 프로젝트 아이디어를 발표하거나, 다른 팀에 들어가기 위해 자신의 관심, 능력, 특기를 홍보할 수 있습니다.

준비 활동 학습지를 나누어 주고 학생들이 브레인스토밍을 한 후 학습지를 작성할 수 있도록 하세요. 일부 학생들은 이미 프로젝트 아이디어를 가지고 있거나 프로젝트를 제작하고 공유하기 위해 필요한 관심거리나 기능을 확인했을지도 모릅니다. 만약 학생들이 그렇지 않다면 다른 팀과 교류할 기회를 주세요. 학생들이 1차시 '나의 스튜디오' 활동을 통해 알게 된 프로젝트를 다시 살펴보는 것도 좋습니다.

각 학생들이 나머지 팀원들에게 생각을 말할 수 있는 기회를 주세요. 학생들이 자신의 생각을 이야기하고 싶어 하면 30초 동안 발표할 수 있도록 해 주세요.

3~4명이 한 팀을 이룰 수 있도록 시간을 주세요. 필요하면 팀 구성을 돕기 위해 벽이나 게시판에 학생들의 이름과 프로젝트 관심사를 쓴 포스트잇을 붙이고 조정하게 하세요.

노트

학생들이 스크래치를 만드는 과정, 특히 해커톤 과정에서 많은 도움을 요청할 수 있습니다. 학생들이 좀 더 쉬운 방법으로 작품을 만들 수 있도록 서로 조력자가 되고 지식과 기능을 공유하도록 격려합니다. 이런 활동은 창작자의 학습과 이해를 심화할 수 있습니다.

학습 준비물

- 프로젝트 준비하기 학습지(워크북 129쪽)
- 포스트잇(선택)

학습 질문

* 지금까지 여러분이 작업한 것 중에 좋아하는 프로젝트는 무엇인가요?
* 나중에 어떤 종류의 프로젝트를 만들어 보고 싶은가요?
* 프로젝트를 만들 때 어떤 지식, 기능, 재능이 필요할까요?

학습 검토

* 모든 학생들은 아이디어나 흥밋거리에 대해 이야기할 기회를 가졌나요?
* 모든 학생들이 자신의 프로젝트 팀을 정했나요?

개인 노트

이름:

해커톤 과정을 진행하며 흥미를 가지고 몰입할 프로젝트의 아이디어를 브레인스토밍합니다.
30초 동안 여러분의 아이디어, 관심 분야, 솜씨를 친구들에게 보여 주세요.

내가 좋아하는 스크래치 프로젝트

지금까지 만들었던 것 중에서 흥미로웠던 프로젝트는 무엇이 있었나요?
그중에서 가장 기억에 남는 것은 무엇인가요?

나의 해커톤 프로젝트 아이디어

여러분이 상상력을 발휘하여 만들 멋진 프로젝트는 무엇인가요?

나의 능력

이 프로젝트를 완성하기 위해 내가 사용할 수 있는 지식, 기능, 재능을 적어 봅시다.

UNIT 6 ACTIVITY

02 | 프로젝트 계획하기

활동 시간
30~45분

학습 목표

이 활동을 끝내면 학생들은
- 적당한 프로젝트를 정할 수 있다.
- 프로젝트를 완성하기 위해 필요한 활동이나 작업의 개요를 알 수 있다.
- 프로젝트를 완성하기 위해 필요한 자원 목록을 작성할 수 있다.

학습 활동

프로젝트를 시작하기 위해 아이디어를 탐색할 시간을 갖고 프로젝트를 완성하기 위해 필요한 작업을 확인하세요. 프로젝트를 성공적으로 완성하기 위해 유용하게 사용될 수 있는 것이 무엇이 있는지 또는 무엇이 필요한지 목록을 작성하세요.

프로젝트 팀을 짜세요. 필요하면 프로젝트 계획 학습지와 프로젝트 스케치 학습지를 개인 또는 팀으로 작성하게 하세요.

프로젝트 계획하기를 위한 각각의 요소, 즉 프로젝트 스케치, 작업의 개요, 자원 목록, 스토리보드/개요를 다시 확인합니다. 각 팀에 프로젝트 아이디어, 계획, 자원 목록을 브레인스토밍할 수 있도록 15분의 시간을 부여합니다. 먼저 끝난 학생들은 프로젝트 디자인을 시작하게 하세요.

필요하면 이번 활동 마지막에 완성된 프로젝트 계획과 프로젝트 스케치 학습지를 모아 두었다가 본격적으로 프로젝트를 제작할 때 다시 나눠 줄 수도 있습니다.

학습 준비물

- 프로젝트 계획하기 학습지(워크북 130쪽)
- 프로젝트 스케치하기 학습지(워크북 131쪽)

학습 질문

* 어떤 프로젝트를 만들고 싶은가요?
* 프로젝트를 만드는 데 어떤 단계가 필요할까요?
* 프로젝트 제작에 필요한 자원(사람들, 예제 프로젝트 등) 중 이미 가지고 있는 것은 무엇이 있나요?
* 프로젝트 제작에 필요한 자원(사람들, 예제 프로젝트 등) 중 필요한 것은 무엇이 있나요?

학습 검토

* 이 프로젝트는 시간, 자원의 측면에서 해커톤 기간 동안 완성할 수 있는 적당한 프로젝트인가요?
* 여러분은 자원이 필요한 학생들에게 필요한 자원을 어떻게 제시할 것인가요?

노트

계획이 도움이 되긴 하지만 계획은 절대적이거나 꼭 지켜야 하는 것은 아닙니다. 어떤 학생들은 프로젝트 과정 중에 다른 방법으로 접근해서 계획하고 고치기를 원할 것입니다. 다양한 디자인과 개발 형태는 칭찬받고 수용되어야 합니다.

개인 노트

프로젝트 계획하기

이름:

프로젝트를 개발하기 위해 필요한 것을 정리해 보세요.

내가 좋아하는 스크래치 프로젝트

만들고 싶은 프로젝트를 설명해 보세요.

프로젝트를 만들기 위해 필요한 단계를 순서대로 써 보세요.

나의 자원

프로젝트를 위해 이미 가지고 있는 것(친구들, 예시 프로젝트 등)은 무엇이 있나요?

프로젝트를 만들 때 필요한 것(친구들, 예시 프로젝트 등)은 무엇이 있나요?

프로젝트 스케치하기

이름:

프로젝트 장면을 아래의 그림 위에 스케치해 보세요.

나의 프로젝트 스케치하기

어떤 내용인가요? 중요한 요소는 무엇인가요?

어떤 내용인가요? 중요한 요소는 무엇인가요?

어떤 내용인가요? 중요한 요소는 무엇인가요?

어떤 내용인가요? 중요한 요소는 무엇인가요?

UNIT 6 ACTIVITY

03 | 프로젝트 제작하기

활동 시간
45~60분

학습 목표

이 활동을 끝내면 학생들은
- 자신이 선택한 프로젝트를 발전시키기 위해 컴퓨팅 사고의 개념과 실습을 사용할 수 있다.

학습 활동

학생들에게 본격적으로 제작하기 활동을 소개합니다. 시간이 한정되어 있으므로 열심히 집중해서 제작할 수 있도록 격려합니다.

학생들이 프로젝트 점검하기 과정이나 모둠 토의 및 디자인 저널 작성 등을 통해 학습 질문에 답함으로써 이번 과정의 목표를 작성하도록 합니다. 학생들에게 원래 프로젝트 목표에 대한 심사 결과를 안내하고 피드백을 바탕으로 개선된 계획을 만들도록 하기 위해 완성된 프로젝트 계획, 프로젝트 피드백, 인터뷰 그룹 학습지를 나눠 주세요.

학생들에게 자발적으로 프로젝트에 열중할 수 있는 시간을 주세요. 필요하다면 추가적인 자원을 소개하고 나눠 줍니다. 동료의 지원뿐만 아니라 쉽게 사용할 수 있는 자원은 프로젝트 진행에 도움이 됩니다. 스크래치 사이트(http://scratch.mit.edu)의 샘플 프로젝트에서 아이디어를 얻고, ScratchEd 사이트(http://scratched.gse.harvard.edu)에서 추가적인 자료를 찾을 수도 있습니다.

학생들이 작업한 프로젝트를 학급 스튜디오에 추가하게 하세요.

학습 준비물

- 프로젝트 제작하기 학습지(워크북 132~133쪽)
- 추가 자료(예를 들어, 예제 프로젝트, 학습지, 스크래치 카드, 제작 자원 등)

학습 질문

* 오늘 여러분은 어떤 부분을 제작할 건가요?
* 프로젝트를 만드는 과정에서 어떤 도움이 필요한가요?

학습 검토

* 개인 또는 모둠이 만들기에 적당한가요?
* 프로젝트와 관련된 피드백이나 제안이 있나요?

노트

모든 제작 활동에서 시간, 자원 등이 제한적이므로 프로젝트를 만들어 가면서 절충이 필요합니다. 자유 제작 과정은 학생들이 프로젝트의 기본적인 요소에 대해 의견을 나누는 좋은 기회가 될 것입니다. 프로젝트의 가장 중요한 측면은 무엇일까요? 남은 시간에 적절하게 마무리를 하기 위해 무엇을 해야 할까요?

개인 노트

프로젝트의 준비와 계획이 끝났으면 이제 본격적으로 프로젝트를 제작해 볼까요?

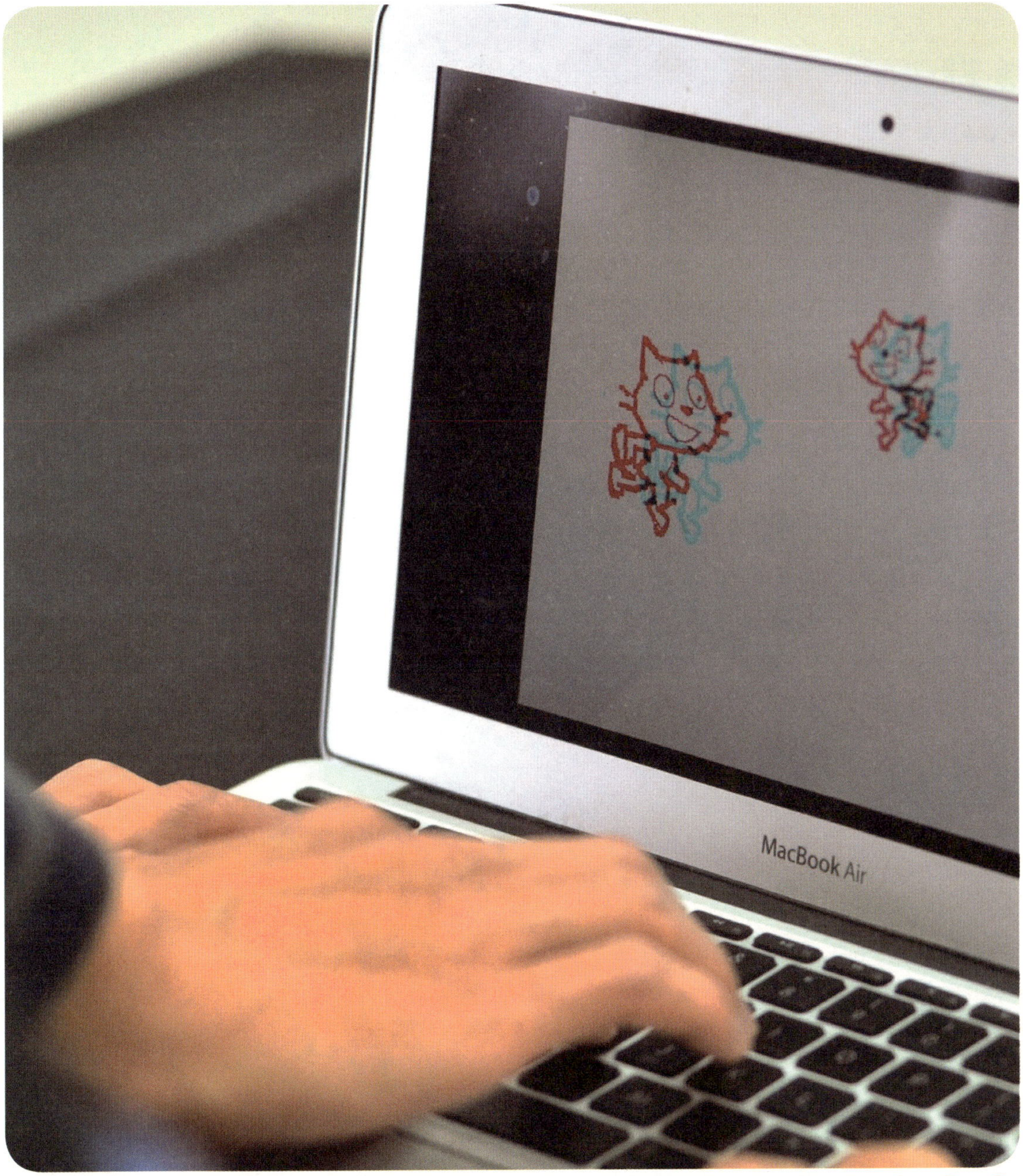

UNIT 6 ACTIVITY

04 | 프로젝트 검토하기

활동 시간 30~45분

학습 목표

이 활동을 끝내면 학생들은
- 프로젝트에 대한 사전 피드백을 주기 위해 작은 평가 집단에서 활동할 수 있다.
- 진행 중인 프로젝트를 시험할 수 있다.
- 다른 팀을 위해 피드백을 만들고 공유할 수 있다.

학습 활동

3~4명 단위로 피드백 팀을 나눕니다. 한 피드백 팀 안에는 같은 프로젝트 팀원이 들어가지 않도록 합니다(서로 다른 프로젝트 팀원끼리 피드백 팀을 구성합니다). 또는 0차시 평가 그룹처럼 학생들을 모을 수도 있습니다.

프로젝트 검토하기 학습지를 학생들에게 나눠 주고 학습지에 있는 요소별로 검토하도록 합니다. 학습지의 윗부분에 학생들의 이름과 프로젝트 제목을 쓰도록 합니다.

10분 동안 피드백 팀별로 각 프로젝트를 빨간색, 노란색, 초록색의 피드백 질문을 이용해 검토하도록 합니다. 검토가 끝나면 학생들에게 피드백 팀이 작성한 피드백 결과를 나눠 주세요.

피드백 활동이 끝난 후에 프로젝트를 검토했던 다른 프로젝트 팀원을 만나서 프로젝트를 제작하는 데 있어 추가하거나 필요한 것들에 대해 들을 수 있는 시간을 주세요. 또한 완성된 프로젝트 되돌아보기 학습지를 걷어 두고 프로젝트 점검하기 활동이나 프로젝트 제작하기 활동을 할 때 다시 나눠 줄 수도 있습니다.

학습 준비물

프로젝트 검토하기 학습지(워크북 134~135쪽)

학습 질문

* 여러분의 프로젝트에 대해 어떤 피드백을 받았나요?
* 피드백 내용 중에서 프로젝트를 수정할 때 추가할 것은 무엇인가요?

학습 검토

* 모든 학생들이 다양한 사람들과 피드백을 주고받았나요?
* 모든 학생들이 프로젝트 검토하기 학습지를 완성했나요?

노트

프로젝트가 진행되는 과정 중에 다른 학생들은 다른 관점을 보일 것입니다. 그러므로 학생들에게 그들 자신을 포함한 다양한 사람들로부터 피드백을 받을 수 있도록 해야 합니다.

개인 노트

이름:

프로젝트 제목: ______________________

1	2	3	4
피드백은 누가 해 주었나요?	부족하거나 개선할 점은 무엇인가요?	어렵게 느낀 부분은 있었나요? 있다면 어떻게 해결하였나요?	프로젝트에서 잘된 점이나 칭찬할 만한 것은 무엇인가요?

피드백에 도움이 되는 프로젝트 요소

명료성 : 어떤 프로젝트를 만들고 있는지 쉽게 알 수 있나요?

특성 : 프로젝트의 특징은 무엇인가요? 기대한 대로 프로젝트가 실행되나요?

매력 : 프로젝트에서 눈에 띄는 부분은 무엇인가요? 독창적이며 상호작용이 잘되고 재미있나요? 프로젝트를 실행해 보고 어떤 점을 느꼈나요?

UNIT 6 ACTIVITY

05 | 프로젝트 점검하기

활동 시간
15~30분

학습 목표

이 활동을 끝내면 학생들은

- 프로젝트 제작 과정과 피드백을 검토할 수 있다.
- 프로젝트를 완성하는 데 필요한 활동이나 작업의 개요를 개발할 수 있다.
- 프로젝트를 완성하는 데 필요한 자원 목록을 작성할 수 있다.

학습 활동

이번 활동에서는 다음 단계인 제작하기 과정에 들어가기 앞서 받아 둔 피드백을 바탕으로 제작 과정과 프로젝트 계획 등을 팀원들과 다시 한 번 점검합니다. 필요하면 학생들에게 프로젝트 점검하기 학습지를 나눠 줄 수도 있습니다.

학급을 프로젝트 팀으로 나누세요. 필요하면 프로젝트 계획하기, 프로젝트 검토하기, 인터뷰 그룹 활동을 할 때 작성한 학습지를 학생들에게 다시 나눠 줄 수도 있습니다.

학생들에게 원래 프로젝트의 목표와 피드백 자료를 다시 확인할 시간을 주세요. 학생들이 다음의 제작하기 단계에서 프로젝트를 개선하기 위해 제작 단계와 계획의 개요를 작성하도록 합니다.

학습 준비물

프로젝트 점검하기 학습지(워크북 136~137쪽)

학습 질문

* 지금까지 제작을 하면서 가장 좋았던 것은 무엇인가요?
* 프로젝트를 제작하면서 여전히 필요한 것은 무엇인가요?
* 다음에 어떤 작업을 해야 할까요?
* 프로젝트를 제작하면서 어떤 도움이 필요할까요?

학습 검토

* 각 팀들은 제작 과정과 계획을 합리적으로 만들어 가고 있나요?
* 팀원들이 프로젝트에서의 맡은 부분을 토의하고 공유하는 과정에서 협동 및 협력적으로 작업하나요?

노트

프로젝트 점검하기는 짧은 계획하기 활동입니다. 본격적으로 제작을 하는 과정을 시작하기 전에 준비를 하는 활동으로 이용하면 좋습니다.

개인 노트

이름 :

프로젝트 팀과 제작 과정에 대해 토의하고 점검한 내용을 바탕으로 다음 단계에 대해 계획을 세워 봅시다.

프로젝트 제작 과정

지금까지의 제작 과정에서 가장 좋았던 것은 무엇인가요?

제작을 하면서 더 필요한 것은 무엇인가요?

다음 단계

다음에 어떤 작업을 해야 할까요?

프로젝트를 제작하면서 어떤 도움이 필요할까요?

UNIT 6 ACTIVITY

06 인터뷰 그룹

활동 시간
30~45분

학습 목표

이 활동을 끝내면 학생들은
- 진행 중인 프로젝트의 피드백을 받기 위해 다른 사람들을 인터뷰하고 관찰하며 질문할 수 있다.

학습 활동

인터뷰 그룹은 IDEO(실리콘벨리에 있는 가장 혁신적인 디자인 기업)에서 아이디어를 차용해 온 활동입니다. 인터뷰 활동을 소개하고 학생들이 만들고 있는 프로젝트를 공유하며 다양한 사람들로부터 피드백을 받도록 하세요.

필요하면 인터뷰 그룹 학습지를 나눠 줄 수도 있습니다.

학생들이 인터뷰 그룹 참여자에 대해 브레인스토밍할 수 있도록 도와주세요. 학생들이 특이한 관점을 가지고 재미있는 피드백을 줄 수 있는 매우 색다른 사람들이나, 예상치 못한 유형의 사람들을 자신의 평가자로 선정하게 합니다(예를 들어, 부모님, 선생님, 형제자매, 다른 학생들 등).

학생들이 두 명의 인터뷰 그룹 참가자를 찾고 인터뷰한 후 관찰한 모습을 녹화할 수 있는 시간을 줍니다.

다른 인터뷰 그룹에게 받은 피드백 자료를 서로 공유할 수 있도록 프로젝트 팀원끼리 토의하게 하세요. 필요하면 작성된 인터뷰 그룹 학습지를 걷어 두었다가 프로젝트 점검하기나 제작하기 과정이 시작하기 전에 나눠 줄 수도 있습니다.

노트

- 학생들이 피드백 자료를 살펴보면서 창의적인 요소를 발견할 수 있도록 도와주세요. 혹시 학생들을 도와줄 수 있는 국내 게임 개발 회사가 있나요? 다른 학교 학생들과 프로젝트를 공유할 수 있나요?
- 만약 인터뷰 그룹의 참가자들을 이 활동 시간에 인터뷰할 수 없다면 여러분은 이 활동을 방과후에 하거나 숙제로 하도록 제시할 수 있습니다.

학습 준비물

인터뷰 그룹 학습지(워크북 138~139쪽)

학습 질문

* 여러분의 인터뷰 그룹 참가자를 적어 봅시다. 참가자로 정한 이유는 무엇인가요?
* 참가자의 의견이 프로젝트에 어떤 영향을 줄 것으로 보이나요?

학습 검토

학생들이 두 명의 인터뷰 그룹 참가자를 찾아서 인터뷰를 했나요?

개인 노트

UNIT 6

이름 :

인터뷰한 사람 :

지금부터 여러분이 제작하고 있는 프로젝트에 대한 평가를 받기 위해 다른 사람과 인터뷰를 해 봅시다.

인터뷰 대상 찾기

- 어떤 사람들이 여러분의 프로젝트에 대해 적절한 평가를 해 줄 수 있을까요?
- 여러분의 프로젝트를 함께 살펴볼 두 명의 인터뷰 그룹 참가자는 누구인가요?

살펴보기

- 여러분의 프로젝트를 인터뷰 그룹과 함께 공유해 보고 그들의 반응을 살펴봅시다.
- 특별히 관심을 가지고 설명하는 것은 무엇인가요?
- 여러분이 예상한 대로 이야기하고 있나요?
- 그들이 깜짝 놀랄 만한 평가를 보이나요?

인터뷰하기

- 살펴보기를 한 후에 인터뷰 그룹 팀원들과 이야기를 나눠 봅시다.
- 인터뷰를 통해 받은 평가 내용은 무엇인가요?
- 프로젝트 제작과 개선에 참고할 의견들은 무엇인가요?

UNIT 6 ACTIVITY

07 | 발표 준비하기

활동 시간 30~45분

학습 목표

이 활동을 끝내면 학생들은
- 최종 작품의 초안을 제작하고 최종 발표를 준비할 수 있다.

학습 활동

이 활동은 그동안 학생들이 힘들게 완성한 작품을 발표하기 전 되돌아보기 위해 하는 것이라고 안내하세요. 또한 제작 활동을 마무리하고 다른 사람들과 프로젝트를 공유하기 위한 연습이라는 것을 설명해 주세요.

학생들이 프로젝트를 제작하고 발표회에서 작품을 발표할 수 있도록 준비하는 시간을 주세요. 필요하면 원활한 발표를 위해 진행 중인 최종 작품을 학급 스튜디오에 모아 둘 수도 있습니다.

발표 준비하기 학습지를 학생들에게 나눠 주고 '무엇을 만들었나요?', '만들면서 어땠나요?', '작품을 만들고 나서'에 대해 토의하고, 프로젝트를 발표하기 위한 뼈대를 만들어 보도록 합니다.

학습 준비물

- 발표 준비하기 학습지(워크북 140쪽)
- 발표하기 학습지(워크북 141~142쪽)
- 해커톤 스튜디오
  http://scratch.mit.edu/studios/488267

학습 질문

* 여러분은 어떤 작품을 만들었나요?
* 프로젝트를 개발하기 위해 어떤 과정을 밟았나요?
* 다음에는 어떤 프로젝트를 만들고 싶은가요?

학습 검토

학생들이 발표 준비하기 학습지를 완성했나요?

노트

학생들은 프로젝트를 완성하면서 많이 긴장하고 불안해할 것입니다. 이러한 경험은 학생들에게 다음과 같은 것들을 얻을 수 있는 기회가 됩니다.

- 컴퓨터를 이용하여 작품을 만드는 창작자의 길로 들어섭니다.
- 목표에 집중하고, 목표를 달성하는 데 도움이 됩니다.

개인 노트

이름:

아래의 질문을 통해 여러분의 제작 과정을 되돌아보세요.

프로젝트로 무엇을 만들었나요?

- 여러분은 어떤 프로젝트를 만들었나요?
- 제작을 하면서 어땠나요? 어떻게 아이디어를 찾았나요?

프로젝트를 만들면서 어땠나요?

- 어떤 과정으로 프로젝트를 개발했나요?
- 어떤 것이 재미있고, 도전 정신을 심어 주었으며, 놀라운 결과를 주었나요? 그 이유는 무엇인가요?
- 새로 알게 된 것은 무엇인가요?

작품을 만들고 나서

- 여러분의 작품에서 가장 자랑하고 싶은 것은 무엇인가요?
- 작품을 만들면서 여러분에게 생긴 변화는 무엇이 있나요?
- 다음에 추가로 개발하고 싶은 것은 무엇인가요?

UNIT 6 ACTIVITY

08 | 발표하기

활동 시간
45~60분

학습 목표

이 활동을 끝내면 학생들은
- 다른 사람들과 최종 작품을 공유하고 전체적인 개발 과정과 컴퓨터를 이용한 창작 경험을 되돌아볼 수 있다.

학습 활동

다른 사람들을 초대하고 음악을 연주하며 장식물들을 꾸미고 간식을 준비하여 축하 분위기를 만듭니다.

프로젝트를 보여 주기 위해 프로젝터나 스크린을 준비해도 좋습니다.

최종 작품을 공유하기 위해 학생들을 초대하고 다른 사람들과 개발 과정에 대해 토의하게 하세요. 필요하다면 학생들의 제작 과정을 보여 주도록 가지고 있는 제작 노트와 초기 프로젝트를 활용하세요.

학생들이 디자인 저널을 다시 살펴보고, 디자인 저널 작성과 모둠 토의 활동을 통해 학습 질문에 대답하면서 창의 컴퓨팅 경험을 다시 생각해 볼 수 있는 시간을 주세요.

학습 준비물

발표할 때 사용할 프로젝터와 스크린(선택)

학습 질문

* 디자인 저널을 검토합니다. 어떤 글들이 있나요?
* 어떤 글이 가장 도움이 되었나요?
* 지금까지 프로젝트를 만들면서 가장 좋아하는 스크래치 프로젝트는 무엇인가요? 왜 제일 좋은가요?
* 다음에 만들고 싶은 것은 무엇인가요?

학습 검토

모든 팀이나 학생들이 작품을 공유하고 축하를 받았나요?

노트

- 작품 공유는 혼자 발표하기, 동시에 모둠별로 발표하기, 시연하기, 인터넷으로 프로젝트 실행하기 등 다양한 방법으로 할 수 있습니다.
- 프로젝트 포트폴리오, 디자인 저널, 최종 작품 피드백 학습지, 최종 작품 되돌아보기 학습지 등은 평가를 위한 자료가 될 수도 있습니다(부록 참조).

개인 노트

프로젝트 제작 과정을 되돌아보며 최종 작품을 발표해 볼까요?

appendix

부록

용어 사전

가이드북을 활용하는 데 있어 필요한 단어, 개념, 실습들을 정리하였습니다. 더 자세한 내용은 스크래치 도움말(http://scratch.mit.edu/help)이나 스크래치 위키(http://wiki.scratch.mit.edu)를 참고하세요.

갤러리 워크
학생들이 프로젝트를 프레젠테이션 모드로 해 놓고 다른 프로젝트를 서로 구경하며 돌아다니는 공유 활동

관찰
10개의 스크래치 블록 카테고리 중 하나로, 하늘색을 띠고 다른 형태의 입력값(마우스 위치 등)이나 프로그램 상태(스프라이트 위치 등)를 감지할 때 사용

그림판
스크래치에 내장되어 있는 프로그램. 많은 사람들이 이것을 이용해 나만의 스프라이트, 모양 등을 만들어 냄

극장 메타포
스크래치 구성을 표현하는 방법으로, 작품의 연기자(스프라이트), 모양, 배경막, 스크립트, 배경을 마치 극장처럼 강조하는 것

데이터
값을 저장하고 반환하고 갱신하는 컴퓨팅 사고의 개념 중 하나

도움말
프로젝트 제작 창에 들어 있는 도움말 창으로 스크래치에 대한 도움을 받을 수 있음

동료 인터뷰
학생들이 프로젝트를 공유하면서 돌아가며 인터뷰하고 서로 반성하며 평가해 주는 활동

동작
10개의 스크래치 블록 카테고리 중 하나로, 하늘색이며 스프라이트의 동작을 제어할 때 사용

디자인 데모
학생들이 작품을 학급에서 발표하거나 특정 블록, 기능, 개발 계획을 실행하는 방법을 시연하기 위해 초대하는 활동

모양
가능한 여러 프레임 중의 하나 또는 스프라이트의 다른 모습. 스프라이트는 모양에 있는 것들로 모습을 바꿀 수 있음

반복
같은 시퀀스 작업을 여러 번 반복하는 컴퓨팅 사고의 개념

발표하기
학생들이 최종 작품을 다른 사람과 공유하고 제작 과정과 컴퓨팅 표현 경험을 반성해 보는 활동

방송

스크래치 프로그램에서 전송되는 메시지

배경[1]

무대의 모습이나 틀

배경[2]

스프라이트 프로젝트의 배경. 배경은 스크립트, 모양, 소리 등을 가질 수 있음

백팩

프로젝트에서 미디어나 스크립트를 쉽게 옮겨 사용할 수 있도록 돕는 스크래치 기능(개인 저장소)

벡터 그림

기하학적 모양(원, 네모)이나 색으로 정의된 그림. 비트맵과 반대되는 말

변수와 리스트

변수나 스크래치 메모리에 저장한 값들의 모임. 변수는 한 개의 값을 저장할 수 있고 리스트는 많은 값을 저장할 수 있음

병렬

동시에 일이 발생하도록 하는 컴퓨팅적 사고의 개념 중 하나

복제

프로젝트가 실행되는 동안 스프라이트가 자신을 복사하는 기능

블록 만들기

추가 블록 카테고리에서 볼 수 있는 블록으로, 학생들이 자신만의 블록이나 프로시저를 정의하고 만들 수 있음

비디오 센싱

웹캠을 통해 동작을 감지하거나 스테이지에 비디오 영상을 표현할 수 있도록 하는 스크래치 기능

비트맵

서로 다른 색깔 값을 2차원 배열에 의해 정의한 그림. 반대는 벡터 그림

빨강, 노랑, 초록

잘되지 않고 있거나 작업이 필요한 부분(빨강), 혼란이 있거나 논의가 필요한 부분(노랑), 잘하고 있는 것(초록)처럼 개별적으로 정의된 관점을 가지고 반성하고 공유하는 활동

상호작용하는 콜라주

클릭할 수 있는 다양한 스프라이트가 포함된 스크래치 프로젝트

소개 페이지

스크래치 사용자에 대한 정보를 보여 주기 위해 만든 스크래치 온라인 페이지

소리

스크래치 프로그램에서 실행할 수 있는 소리 파일로, 스크래치에 내장된 라이브러리나 녹음하기를 통해 삽입할 수 있음. 소리는 소리 블록을 이용해 실행하고 크기, 빠르기 등을 제어

스크래치 구경하기

학생들이 다른 사람들의 스크래치 작품을 관찰하러 돌아다니는 공유 활동

스크립트

하나 이상의 스크립트 블록을 순차적 형태로 연결시킨 것. 스크립트는 입력값을 받는(마우스 클릭, 방송 등) 이벤트 블록으로 시작. 이벤트가 발생하면 이벤트 블록에 연결된 블록들이 순차적으로 실행

스튜디오
스크래치 온라인 커뮤니티에서 사용자가 만든 작품 모음집으로, 사용자들이 특정한 주제로 프로젝트를 모아 놓은 것

스프라이트
스크래치 프로젝트의 배경에서 행동을 수행하는 미디어 객체

시작하기(pitch)
학생들이 다른 팀원을 데려오거나 흥밋거리, 기술, 재능 등을 홍보해서 다른 팀이 자신을 데려가도록 하기 위해 프로젝트 아이디어를 다른 사람에게 발표하는 활동

시퀀스
작업 및 단계의 순서를 정의하는 컴퓨팅 사고의 개념

실험하기와 반복하기
시도하고 조금씩 발전시키는 것을 계속하는 컴퓨팅 사고의 행동

아케이드 데이
학생들의 작품과 모든 팀 활동을 공유하는 행사로, 학생들은 완성된 프로젝트를 발표의 형태로 소개

애니메이션
조금씩 변하는 사진들을 빨리 보임으로써 마치 계속 움직이는 것처럼 보이도록 만드는 기법

연산자
수학이나 논리적 표현을 할 때 사용하는 컴퓨팅 사고의 개념

이벤트
컴퓨팅 사고의 개념 중 하나로, 어떤 일이 발생하는 원인

인터뷰 그룹
학생들이 만들고 있는 작품을 공유하고 다양한 사람들에게 피드백을 받는 활동

재구성(remix)
원래 작품을 변형해서 만든 창의적인 작품. 영어인 리믹스(remix)는 보통 원래 작품에서 비슷한 것들을 남겨 두고 새로운 내용이나 재미있는 요소들을 넣어 보는 것을 말함

재사용과 재구성
기존 프로젝트나 아이디어에 무언가를 추가하여 만들어 보는 컴퓨팅 사고의 실습

전달하기
두 사람이 프로젝트를 시작하고 다음 두 사람에게 넘겨 가며 프로젝트를 확장하고 다시 만들어 내는 활동

제어
10개의 스크래치 블록 카테고리 중 하나로, 금색을 띠며 제어 스크립트에 사용

제작하기
한정된 시간 동안 프로젝트를 개발하는 것

조건
조건에 의해서 결정되는 컴퓨팅 사고의 개념(예를 들어, 현재 변숫값에 의해)

짝 프로그래밍
프로그래밍 방법론으로 개발자가 짝을 지어 프로젝트를 함께 만들어 내는 방법

추상화와 모듈화
전체와 일부분 사이의 연관성을 찾아내는 컴퓨팅 사고의 실습

컴퓨팅 사고의 개념

시퀀스, 반복, 조건, 이벤트, 병렬, 연산자, 데이터 등 프로그래머가 프로그래밍을 할 때 활용하는 개념

컴퓨팅 사고의 관점

컴퓨팅 기반 세계의 디자이너로서 가지는 폭넓은 관점

컴퓨팅 사고의 실습

실험하기와 반복하기, 테스팅하기와 디버깅하기, 재구성하기와 재사용하기, 추상화하기와 모듈화하기와 같은 프로그래머가 개발할 때 사용하는 특정한 습관

테스팅하기와 디버깅하기

문제를 찾고 해결해서 잘 실행될 수 있도록 만드는 컴퓨팅 사고의 실습 과정

평가 그룹

더 나은 작품을 위한 피드백을 위해 아이디어를 공유하고, 제작 중인 프로젝트를 실험하는 개발자 모임

프레젠테이션 모드

프로젝트를 확대된 화면으로 볼 수 있도록 하는 스크래치 화면 모드. 스크래치 프로그램에서 왼쪽 상단에 있는 버튼을 누르면 되고, 이 모드는 전체 화면 보기나 화면 확대하기로 부르기도 함

프로젝트 에디터

프로젝트를 수정할 수 있는 스크래치 온라인 커뮤니티 기능. 이 기능은 스크립트 공간(스크립트를 만들 수 있는 곳), 스프라이트 공간(스프라이트를 다룰 수 있는 곳), 무대 공간(스프라이트의 위치를 정하고 배경을 바꿀 수 있는 곳)이 포함

피드백 박람회

학생들의 절반은 자리에 앉아서 프로젝트를 공유하고, 다른 절반의 학생들은 프로젝트를 탐험하며 피드백을 주는 공유 활동으로 활동이 끝나면 역할을 바꿔서 활동

하드웨어 확장

실생활과 스크래치의 디지털 세계를 연결시켜 주는 보조 장치들. 확장 하드웨어의 예로 레고 위두(Lego WeDo), 피코보드(PicoBoard), 마키 마키(Makey Makey) 등이 있음

형태

10개의 스크래치 블록 카테고리 중 하나로 보라색이며 스프라이트의 모습을 제어할 때 사용

K-12 교육과정 기준

이 가이드북의 활동들은 Common Core State Standards, the CSTA K-12 Computer Science Standards, ISTE NETS이 포함된 K-12 교육과정 기준과 연관되어 있으며, 가이드북에 포함된 예제들은 Common Core Standards와 연관되어 있습니다. 더 자세한 내용은 http://scratched.gse.harvard.edu/guide를 참고해 주세요.

2010 수학과 공통 핵심 표준(Common Core State Standards for Mathematics 2010)

http://www.corestandards.org/wp-content/uploads/Math_Standards.pdf

- **문제를 이해하고 꾸준히 해결하도록 하기**

  가이드북의 많은 활동들은 학생들이 다양한 방법으로 문제를 발견하고 해결하는 활동에 참여하도록 합니다(활동 예 : 오류 수정하기).

- **추상적이고 정량적인 사고**

  학생들은 추상적인 개념을 설명하고 스크래치로 눈에 보이도록 만들어 봄으로써 변수와 같은 정량적인 관계에 대해 이해할 수 있습니다(활동 예 : 게임에 점수 저장하기).

- **수학을 이용해 모델 만들기**

  이 가이드북에서는 학생들이 전에 배운 식, 데이터 비교하기, 수학적 관계를 스크래치 프로그램으로 표현해 보도록 합니다(활동 예 : 상호작용 퍼즐 풀기).

- **신중하게 처리하기**

  On and off screen 활동은 특정 결과물을 이끌어 내기 위한 코드의 순서나 설명을 구체화할 때 학생들이 꼼꼼하게 처리해야 하는 중요성을 깨닫도록 도와줍니다(활동 예 : 댄스 프로그램)

- **관찰하고 구조를 이용하기**

  디버깅하기 도전 과제를 수행하는 동안 스크립트 훑어 보기, 프로젝트를 재구성하는 동안 다른 사람의 프로젝트 스크립트 꼼꼼하게 읽기, 더 복잡한 프로그램을 만들기 위해 복습하기 활동은 학생들 본인이나 다른 사람의 스크래치 프로그램에서 반복되는 패턴이나 구조를 알아내기 위해 자세히 관찰하도록 합니다(활동 예 : 대화 구성하기).

2010 영어과 공통 핵심 표준(Common Core State Standards for English Language Arts/Literacy 2010)

http://www.corestandards.org/wp-content/uploads/ELA_Standards.pdf

- **독립성 입증하기**

  이 가이드북의 대부분 활동과 프로젝트는 자발적으로 제작하거나 협동 제작과 팀 프로젝트에 참여해 봄으로써 독립적인 작품을 만들 수 있도록 구성되어 있습니다(활동 예 : 나에 대하여).

- **청중, 작업, 목적, 규칙의 다양한 요구에 대해 답하기**

  학생들이 스크래치 온라인 커뮤니티에서 프로젝트를 공유할 때나 다른 사람들을 위해 프로젝트를 만들 때 다양한 유형의 청중, 작업, 목적, 규칙을 알 수 있도록 합니다(활동 예 : 창의 컴퓨팅 설계).

- **최대한 비평하기보다 이해하기**

  다양한 피드백 연습과 협동 프로젝트는 작업 중인 프로젝트 공유하기, 질문하기, 건설적인 비평을 주고받는 과정에 학생들이 참여하도록 합니다(활동 예 : 평가하기).

- **전략적이고 훌륭하게 기술과 디지털 미디어 사용하기**

  혼자 작품 만들기 활동을 진행하는 동안 학생들은 프로젝트를 개발하기 위해 스크래치 사이트의 다양한 부분을 찾고 아이디어를 얻으며 다른 사람들과 연결 짓고 개인적인 학습 목적을 추구하는 방법을 배웁니다(활동 예 : 무엇을 배웠나요?).

- **다른 관점과 문화 이해하기**

  다른 사람의 프로젝트를 재구성하는 활동을 하는 동안 학생들은 살펴보고, 이해하며, 코드를 해석하고 본인의 것이 아닌 일에 집중해야 합니다. 협동 프로젝트를 만들 때 학생들은 협동심, 타협심, 다른 사람들과 일을 공유하는 방법을 배우게 됩니다(활동 예 : 전달하기).

컴퓨팅 사고

지난 몇 년 동안 스크래치를 이용한 학습과 개발을 설명하기 위한 방법으로 '컴퓨팅 사고'에 대한 연구를 많이 했습니다. 이곳에서는 다음과 같은 것을 공유하고자 합니다.

- 개념, 실습, 관점의 집합으로서의 컴퓨팅 사고에 대한 정의
- 학생들의 컴퓨팅 사고 실습에 대한 능력 평가 도구
- 교사가 교실에서 어떻게 컴퓨팅 사고 실습을 도와줄 것인지에 대한 자기 반성 자료

더 많은 컴퓨팅 사고에 대한 자료는 http://scratched.gse.harvard.edu/ct 에서 확인할 수 있습니다.

컴퓨팅 사고의 개념

개념	설명
시퀀스	과제를 위해 일련의 단계를 정의하는 것
반복	같은 시퀀스를 몇 번이고 실행하는 것
병렬 처리	동시에 일이 일어나도록 만드는 것
이벤트	이것을 통해 다른 일이 일어나도록 만드는 것
조건	조건에 따라 결정하도록 만드는 것
연산	수학적 · 논리적 표현식에 따라 계산하는 것
데이터	값을 저장, 검색, 수정하는 것

컴퓨팅 사고의 실습

실습	설명
실험하기와 반복하기	개발하고 시도해 보고, 다시 발전시켜서 개발하기
테스팅하기와 디버깅하기	확실하게 만들고 실수를 찾아내어 고치기
재사용하기와 재구성하기	내가 이미 만든 것이나 다른 사람이 만든 것을 이용하여 만들기
추상화하기와 모듈화하기	전체와 부분들의 연관성을 탐색하는 것, 재사용이 가능한 코딩 블록들의 단위를 만드는 것

컴퓨팅 사고의 관점

관점	설명
표현하기	컴퓨팅 사고에 따른 연산이 창작의 매체라는 것을 인식하는 것 '나는 창조할 수 있다.'
연결하기	다른 사람과 함께하고, 다른 사람을 위한 창작의 힘을 인식하는 것 '나는 다른 사람들과의 교류를 통해 다양한 일들을 할 수 있다.'
질문하기	세상의 의문점에 대해 질문할 자격이 있다고 느끼는 것 '나는 세상을 이해하기 위한 질문을 할 수 있다(컴퓨팅 사고에 따라).'

컴퓨팅 사고 실습의 평가 도구 개발

다음 도구들은 학생들의 컴퓨팅 사고 실습물(실험하기와 반복하기, 테스팅하기와 디버깅하기, 재사용하기와 재구성하기, 추상화하기와 모듈화하기)을 바탕으로 능숙도를 평가할 수 있습니다. 첫 번째 세로줄은 학생들에게 할 질문입니다. 두 번째, 세 번째, 네 번째 세로줄은 숙달된 정도를 높음, 보통, 낮음으로 나타냅니다.

실험하기와 반복하기	낮음	보통	높음
어떻게 프로젝트를 개발했는지 순서대로 이야기해 보세요.	프로젝트 개발에 대한 기본적인 설명을 하거나 자세한 설명이 없다.	창작 순서에 따라 프로젝트 개발의 일반적인 예시를 제시한다.	창작 순서에 따라 프로젝트 개발 방법과 프로젝트의 다양한 요소에 대해 자세하게 설명한다.
프로젝트를 진행하면서 얼마나 다양한 시도를 해 보았나요?	시도한 것에 대한 예시를 제시하지 못한다.	프로젝트에서 시도한 것들의 일반적인 예시를 제시한다.	프로젝트에서 시도한 다양한 것들의 구체적인 예시를 제시한다.
어떤 수정 사항들이 있었나요? 그리고 왜 수정하게 되었나요?	수정을 하지 않았거나 예시를 들지 않고 단지 수정했다고만 이야기한다.	프로젝트를 만들면서 1개의 구체적인 수정 사항만 이야기한다.	프로젝트에 추가한 구체적인 것들과 이유를 설명한다.
프로젝트를 만들면서 노력한 점이나 새로운 것들을 시도할 때 사용한 다양한 방법을 이야기해 보세요.	새로운 것을 시도한 예를 제시하지 못한다.	1개의 새로운 것을 시도한 예를 제시한다.	구체적으로 시도한 새로운 것들을 제시한다.

테스팅하기와 디버깅하기	낮음	보통	높음
프로젝트를 실행한 결과가 여러분이 예상했던 것과 무엇이 다른지 설명해 보세요.	예상했던 실행 결과와 달랐던 점을 이야기하지 못한다.	프로젝트가 잘못된 것을 설명하나 원하는 실행 결과가 무엇인지 말하지 못한다.	프로젝트를 실행했을 때 원했던 결과와 발생한 결과를 구체적으로 설명한다.
문제의 원인을 살펴보기 위해 스크립트를 어떻게 분석했는지 이야기해 보세요.	문제를 설명하지 못한다.	스크립트를 보고 해석할 수 있으나 코드에서 문제를 찾는 구체적인 사례를 들지 못한다.	코드에서 문제를 찾는 구체적인 예를 들고 스크립트를 해석할 수 있다.
어떻게 작동되는지 시험하고 수정했는지 이야기해 보세요.	문제와 해결 방법이 무엇인지 모른다.	작동되는지 시험하고 수정한 일반적인 예만 들 수 있다.	작동되는지 시험하고 수정한 구체적인 예를 들 수 있다.
문제를 해결하기 위해 고려한 다른 방법에 대해 이야기해 보세요.	문제 해결 방법을 하나도 설명하지 못한다.	문제 해결 방법의 일반적인 예만 들 수 있다.	문제 해결 방법의 구체적인 예를 들 수 있다.

재구성하기와 재사용하기	낮음	보통	높음
다른 프로젝트를 실행해 보고 스크립트를 살펴보면서 아이디어를 얻은 것을 이야기해 보세요.	다른 작품에서 찾은 아이디어를 이야기하지 못한다.	아이디어를 얻은 작품에 대해 개괄적인 설명을 한다.	아이디어를 얻은 작품에 대해 구체적인 설명을 한다.
다른 프로젝트의 일부분을 선택하고 작품에 활용한 방법을 이야기해 보세요.	다른 프로젝트의 스크립트, 아이디어, 자원을 활용한 방법을 설명하지 못한다.	다른 작품으로부터 활용한 스크립트, 아이디어, 자원을 알고 있다.	다른 작품으로부터 활용한 스크립트, 아이디어, 자원에 대해 구체적인 설명을 한다.
기존의 프로젝트를 개선하기 위해 어떻게 수정했나요?	개선한 프로젝트에 대해 이야기하지 못한다.	개선 작품의 수정 내용에 대해 개괄적인 설명을 한다.	구체적으로 개선 작품의 수정한 것을 이야기한다.
작업의 기초가 되거나 아이디어를 얻은 작품의 출처를 어떻게 밝혔나요?	다른 사람에게 출처를 밝히지 못한다.	아이디어를 얻은 사람의 이름을 이야기한다.	스크래치 사이트나 프로젝트에 아이디어를 얻은 사람들을 기록한다.

추상화하기와 모듈화하기	낮음	보통	높음
프로젝트에서 필요한 스프라이트를 정하고 어디에 사용할지 어떻게 결정했나요?	어떻게 스프라이트를 결정했는지 말하지 못한다.	특정한 스프라이트를 선택한 것에 대해 개괄적으로 설명한다.	프로젝트의 목표에 근거해서 어떻게 스프라이트를 선택했는지 구체적으로 설명한다.
프로젝트에 필요한 스크립트를 정하고 만드는 것을 어떻게 결정했나요?	스크립트를 만든 방법을 설명하지 못한다.	특정한 스크립트를 만들기로 결정한 것에 대해 개괄적으로 설명한다.	프로젝트의 목표에 근거해서 결정한 스크립트에 대해 구체적으로 설명한다.
다른 사람들이 이해하기 쉽도록 하기 위해 어떻게 스크립트를 만들었나요?	어떻게 스크립트를 만들었는지 설명하지 못한다.	스크립트를 만든 방법을 개괄적으로 설명한다.	스크립트를 만든 방법과 왜 그렇게 했는지를 구체적으로 설명한다.

교실에서 컴퓨팅 사고 실습을 하기 위한 보조 자료

이 자료는 다양한 학습 환경(교실, 도서관 등)에서 컴퓨팅 사고 실습을 돕는 방법을 알아보기 위해 활용할 수 있습니다. 이 자료의 목적은 여러분이 학습을 디자인하고 지원하기 위한 여러 유형의 방법을 알 수 있도록 도와주기 위한 것입니다.

실험하기와 반복하기 : 조금씩 개발하고 실행하고 다시 조금씩 개발하는 활동

학생들에게 다음과 같은 기회를 제공했나요?	하지 않음	보통	많이
프로젝트를 차례대로 개발하기			
먼저 실행해 보기			
실행 결과에 따라 수정하기			
다른 방법으로 시도하거나 새로운 것을 시도하기			

다음을 위한 메모
만약 하지 않았다면 어떻게 공간과 시간을 확보할 수 있을까요?
만약 보통으로 했다면 심화 활동을 하게 하거나 독려할 수 있을까요?
만약 많이 했다면 알게 된 것이나 배운 것은 무엇일까요?

테스팅하기와 디버깅하기 : 작품을 정확하게 만들기 위해 문제가 발생했을 때 찾고 해결하기

학생들에게 다음과 같은 기회를 제공했나요?	하지 않음	보통	많이
프로젝트를 실행했을 때 결과 관찰하기			
원하는 결과와 다른 점 서술하기			
문제의 원인을 찾기 위해 스크립트 분석하기			
결과를 보고 수정하고 시험하기			
문제를 해결하기 위해 다른 방법 찾아보기			

다음을 위한 메모
만약 하지 않았다면 어떻게 공간과 시간을 확보할 수 있을까요?
만약 보통으로 했다면 심화 활동을 하게 하거나 독려할 수 있을까요?
만약 많이 했다면 알게 된 것이나 배운 것은 무엇일까요?

재사용하기와 재구성하기 : 기존 프로젝트나 아이디어를 활용해 만들기

학생들에게 다음과 같은 기회를 제공했나요?	하지 않음	보통	많이
다른 프로젝트를 실행해 보거나 스크립트를 살펴보고 아이디어 찾아내기			
다른 프로젝트에서 일부분을 선택하고 프로젝트에 활용하기			
프로젝트를 개선하기 위해 기존 프로젝트 수정하기			
자신이 참조한 작품이나 아이디어를 얻은 작품의 출처 밝히기			

다음을 위한 메모
만약 하지 않았다면 어떻게 공간과 시간을 확보할 수 있을까요?
만약 보통으로 했다면 심화 활동을 하게 하거나 독려할 수 있을까요?
만약 많이 했다면 알게 된 것이나 배운 것은 무엇일까요?

추상화하기와 모듈화하기 : 전체와 부분 사이에서 연결 고리 탐색하기

학생들에게 다음과 같은 기회를 제공했나요?	하지 않음	보통	많이
프로젝트에 필요한 스프라이트와 어디에 사용할지 결정하기			
프로젝트에 필요한 스크립트와 어떻게 만들지 결정하기			
다른 사람들이 이해하기 쉽게 스크립트 구성하기			

다음을 위한 메모
만약 하지 않았다면 어떻게 공간과 시간을 확보할 수 있을까요?
만약 보통으로 했다면 심화 활동을 하게 하거나 독려할 수 있을까요?
만약 많이 했다면 알게 된 것이나 배운 것은 무엇일까요?

읽을거리

창의 컴퓨팅과 관련해 더 구체적인 도움을 받을 수 있는 자료들입니다.

도서

- Papert, S.(1980), *Mindstorms : Children, Computers, and Powerful Indeas*, New York, NY: Basic Books.
- Papert, S.(1993), *The Children's Machine : Rethinking Shcool in the Aage of the Computer*, New York, NY: Basic Books.
- Margolis, J., Estrella, R., Goode, J., Holme, J.J., & Nao, K.(2008), *Stuck in the Shallow End: Education, Race, and Computing*, Cambridge, MA: MIT Press.
- Margolis, J., & Fisher, A.(2002), *Unlocking the clubhouse : Women in computing*. Cambridge, MA: MIT Press.
- Ruchkoff, D.(2010), *Program or Be Programmed: Ten Commands for a Digital Age*. New York, NY: OR Books.

논문

- Brennon, K.(2013), "Best of Both Worlds : Issues of Structure and Agency in Computational Creation, In and Out of schools", Doctoral dissertation, Massachusetts Institute of Technology.
- Monroy-Hernandez, A.(2012), "Designing for Remixing : Supporting an Online Community of Amateur Creators", Doctoral dissertation, Massachusetts Institute of Technology.

학술지

- Brennan, K., & Resnick, M.(2012), "New Frameworks for Studying and Assessing the Development of Computational Thinking", American Educational Research Association meeting, Vancouver, BC, Canada.
- Brennan, K.(2013), "Learning Computing through Creating and Connecting", IEEE Computer, Special Issue: Computing in Education, doi: 10. 1109/MC. 2013. 229.

인터넷 사이트

창의 컴퓨팅 자료와 관련되어 도움을 줄 수 있는 인터넷 사이트입니다.

유형	논문	사이트
웹사이트	Scratch	http://scratch.mit.edu
웹사이트	ScratchEd	http://scratched.gse.harvard.edu
웹사이트	Flash	http://helpx.adobe.com/flash-player.html
자료	오프라인 스크래치 버전	http://scratch.mit.edu/scratch2download
자료	스크래치 카드	http://scratch.mit.edu/help/cards
자료	스크래치 커뮤니티 가이드라인	http://scratch.mit.edu/community_guidelines
자료	스크래치 재구성 FAQ	http://scratch.mit.edu/help/faq/#remix
자료	스크래치 위키	http://wiki.scratch.mit.edu
자료	스크래치 포럼	http://scratch.mit.edu/discuss
자료	스크래치 FAQ	http://scratch.mit.edu/help/faq
자료	LEGO WeDo 제작 세트	http://bit.ly/LEGOWeDo
자료	MaKey MaKey	http://makeymakey.com
자료	PicoBoard	https://www.sparkfun.com/products/10311
자료	스크래치 개발 스튜디오 리스트	http://scratch.mit.edu/users ScratchDesignStudio
비디오	스크래치 둘러보기 동영상	http://vimeo.com/65583694 http://youtu.be/-SjuiawRMU4
비디오	1차시 프로그래밍된 댄스 비디오	http://vimeo.com/28612347 http://vimeo.com/28612585 http://vimeo.com/28612800 http://vimeo.com/28612970
비디오	배경막 동영상 튜토리얼	http://bit.ly/scratchbackpack
비디오	블록 만들기 동영상 튜토리얼	http://bit.ly/makeablock
비디오	변수 동영상 튜토리얼	http://bit.ly/scratchvariables
비디오	다른 기술을 스크래치와 연결시키는 방법 동영상 리스트	http://bit.ly/hardwareandextensions
비디오	스크래치 연쇄 반응 동영상	http://bit.ly/ScratchChainReaction
비디오	스크래치 연쇄 반응 동영상	http://bit.ly/ScratchChainReaction
스튜디오	1단원 나를 소개하기 스튜디오	http://scratch.mit.edu/studios/475470
스튜디오	1단원 순서대로 스튜디오	http://scratch.mit.edu/studios/1311856

유형	논문	사이트
스튜디오	1단원 10개의 블록 스튜디오	http://scratch.mit.edu/studios/1323556
스튜디오	1단원 예시 스튜디오	http://scratch.mit.edu/studios/1413842 http://scratch.mit.edu/studios/1413858 http://scratch.mit.edu/studios/1413874 http://scratch.mit.edu/studios/1413880
스튜디오	1단원 디버깅하기 스튜디오	http://scratch.mit.edu/studios/1323616
스튜디오	2단원 뮤직 비디오 스튜디오	http://scratch.mit.edu/studios/1328834
스튜디오	2단원 밴드 만들기 스튜디오	http://scratch.mit.edu/studios/1323884
스튜디오	2단원 주황색 사각형, 보라색 원 스튜디오	http://scratch.mit.edu/studios/1323922
스튜디오	2단원 살아 있네! 스튜디오	http://scratch.mit.edu/studios/1326784
스튜디오	2단원 디버깅하기 스튜디오	http://scratch.mit.edu/studios/1326806
스튜디오	3단원 전달하기 스튜디오	http://scratch.mit.edu/studios/1330766
스튜디오	3단원 캐릭터 스튜디오	http://scratch.mit.edu/studios/1328860
스튜디오	3단원 대화 스튜디오	http://scratch.mit.edu/studios/1328900
스튜디오	3단원 방송 예시 스튜디오	http://scratch.mit.edu/studios/1413884
스튜디오	3단원 장면 스튜디오	http://scratch.mit.edu/studios/1328964
스튜디오	3단원 디버깅하기 스튜디오	http://scratch.mit.edu/studios/1329070
스튜디오	4단원 게임 스튜디오	http://scratch.mit.edu/studios/1331372
스튜디오	4단원 점수 예시 스튜디오	http://scratch.mit.edu/studios/1331384
스튜디오	4단원 물고기 잡기 스튜디오	http://scratch.mit.edu/studios/1331420
스튜디오	4단원 확장 스튜디오	http://scratch.mit.edu/studios/1331450
스튜디오	4단원 상호작용 스튜디오	http://scratch.mit.edu/studios/1331550
스튜디오	4단원 디버깅하기 스튜디오	http://scratch.mit.edu/studios/1331618
스튜디오	5단원 고급 개념 스튜디오	http://scratch.mit.edu/studios/1331716
스튜디오	5단원 비디오 센싱 스튜디오	http://scratch.mit.edu/studios/1331728
스튜디오	5단원 복제 예시 스튜디오	http://scratch.mit.edu/studios/1331740
스튜디오	5단원 나만의 디버깅 프로그램 만들기 스튜디오	http://scratch.mit.edu/studios/1331776
스튜디오	6단원 해커톤 스튜디오	http://scratch.mit.edu/studios/1413902
프로젝트	1단원 디버깅 1.1	http://scratch.mit.edu/projects/67634530
프로젝트	1단원 디버깅 1.2	http://scratch.mit.edu/projects/67636752
프로젝트	1단원 디버깅 1.3	http://scratch.mit.edu/projects/67638598
프로젝트	1단원 디버깅 1.4	http://scratch.mit.edu/projects/67639058
프로젝트	1단원 디버깅 1.5	http://scratch.mit.edu/projects/67639810

유형	논문	사이트
프로젝트	2단원 디버깅 2.1	http://scratch.mit.edu/projects/67785926
프로젝트	2단원 디버깅 2.2	http://scratch.mit.edu/projects/67785388
프로젝트	2단원 디버깅 2.3	http://scratch.mit.edu/projects/67784804
프로젝트	2단원 디버깅 2.4	http://scratch.mit.edu/projects/67784292
프로젝트	2단원 디버깅 2.5	http://scratch.mit.edu/projects/67783140
프로젝트	3단원 펭귄 대화 스타터 프로젝트	http://scratch.mit.edu/projects/67860322
프로젝트	3단원 디버깅 3.1	http://scratch.mit.edu/projects/67867220
프로젝트	3단원 디버깅 3.2	http://scratch.mit.edu/projects/67867058
프로젝트	3단원 디버깅 3.3	http://scratch.mit.edu/projects/67866786
프로젝트	3단원 디버깅 3.4	http://scratch.mit.edu/projects/67866668
프로젝트	3단원 디버깅 3.5	http://scratch.mit.edu/projects/67866402
프로젝트	4단원 미로 스타터 프로젝트	http://scratch.mit.edu/projects/67925582
프로젝트	4단원 퐁 스타터 프로젝트	http://scratch.mit.edu/projects/67925662
프로젝트	4단원 스크롤링 스타터 프로젝트	http://scratch.mit.edu/projects/67925878
프로젝트	4단원 피시 촘프 스타터 프로젝트	http://scratch.mit.edu/projects/67942340
프로젝트	4단원 확장 : 변수 예시 프로젝트	http://scratch.mit.edu/projects/67941826
프로젝트	4단원 확장 : 점수 예시 프로젝트	http://scratch.mit.edu/projects/67943144
프로젝트	4단원 확장 : 레벨 예시 프로젝트	http://scratch.mit.edu/projects/67944280
프로젝트	4단원 확장 : 적군 예시 프로젝트	http://scratch.mit.edu/projects/67944460
프로젝트	4단원 확장 : 보상 예시 프로젝트	http://scratch.mit.edu/projects/67944548
프로젝트	4단원 확장 : 시간 예시 프로젝트	http://scratch.mit.edu/projects/67943776
프로젝트	4단원 확장 : 마우스 예시 프로젝트	http://scratch.mit.edu/projects/67944648
프로젝트	4단원 확장 : 멀티플레이어 예시 프로젝트	http://scratch.mit.edu/projects/67945286
프로젝트	4단원 확장 : 재시작 예시 프로젝트	http://scratch.mit.edu/projects/67944720
프로젝트	4단원 확장 : 메뉴 예시 프로젝트	http://scratch.mit.edu/projects/67945192
프로젝트	4단원 디버깅 4.1	http://scratch.mit.edu/projects/67948786
프로젝트	4단원 디버깅 4.2	http://scratch.mit.edu/projects/67948688
프로젝트	4단원 디버깅 4.3	http://scratch.mit.edu/projects/67948390
프로젝트	4단원 디버깅 4.4	http://scratch.mit.edu/projects/67948248
프로젝트	4단원 디버깅 4.5	http://scratch.mit.edu/projects/67948162

미래인재연구소 연혁

- **2004년** 경인교육대학교 지능형 교육 연구소(IElab) 개소
- **2004년~현재** 인천시, 경기도 ICT 교사 연수 운영
- **2005년** e-러닝 관련 연구 프로젝트 다수 수행
- **2009년** 경인교육대학교 부설 미래인재연구소(http://in.re.kr)로 승격
  정보윤리교육 스토리보드 개발 연구
  1st Scratch Day in Korea 개최(5월)
  게임 중독 예방 및 치료 캠프 운영 연구(스크래치 활용)
  스크래치 적용 방안 및 기초 교재 집필
  각종 정보화 연수 운영
- **2010년** MISE 통합 영재 캠프 운영(스크래치 활용 융합 교육)
  게임 중독 치료 학생 캠프 및 교사 연수
  2nd Scratch Day in Korea 개최(5월)
  스크래치 현장 적용 및 연구
  스마트 교육 및 정보화 관련 연수 운영
- **2011년** 인천시 정보영재학교(중학) 프로그램 개발 및 교육(스크래치 활용)
  게임 중독 치료 및 교사 연수(스크래치 활용)
  초·중등 6T+STEAM 융합 영재 캠프(스크래치 활용)
  3rd Scratch Day in Korea 개최(5월)
  MIT 미디어랩 방문(MIT 스크래치 팀과 협력)
  경기도 STEAM 교사 연수 위탁 운영
  국가 STEAM 교육센터 관련 연구
  스마트 앱 개발 연수 운영

- **2012년** 인터넷 및 게임 중독 치료 교사 연수 운영(스크래치 활용)
  인천시 발명 교사 테마 연수 운영
  스마트폰 중독 예방을 위한 스마트앱 개발
  스마트 연수 및 정보화 교사 연수 운영, 스마트 연구 학교 운영 컨설팅
  유아 로봇 활용 STEAM 교육 프로그램 개발
  방과후 교육을 위한 STEAM 교육 프로그램 개발
  STEAM 융합 인재 교육 교사 연수
  STEAM 융합 인재 교육 수업 자료 개발
  STEAM 교대 교육 과정 개발
  4th Spring Scratch Day in Korea 개최(5월)
  2012 Scratch Conference 참석 및 협력 관계 활동(국내 유일 Presenter)
  MIT Creative Computing 번역 및 보급
  5th Autumn Scratch Day in Korea 개최(10월)

- **2013년** 스마트 연구 학교 연수 프로그램 개발
  전국 스마트 연구 학교 운영 컨설팅
  스크래치 관련 교재 출판
  6th Spring Scratch Day in Korea 개최(5월)
  Kintex 교육기부 박람회 스크래치 부스 운영
  스크래치 온라인 강좌 강의(공개 SW 협회 협력)
  스크래치 교사 연수 운영(국내 최초)
  7th Autumn Scratch Day in Korea 개최(10월 19~20일)
  인천시 교육청 과학 창의 축전 스크래치 창의 컴퓨팅 운영
  MIT Creative Computing Online Workshop 수료(김수환 선임연구원)
  교육부, 인천광역시 교육청 교육 기부 인증 기관

- **2014년** 주니어 SW 온라인 교육 사이트 개발(중)
  창의 컴퓨팅 교육 커뮤니티 구성(중)
  MIT Scratch conference 발표 및 참가(국내 유일 3개팀)
  찾아가는 창의 컴퓨팅 STEAM 교육 아웃리치 프로그램 운영

창의 컴퓨팅 관련 사이트

주니어 온라인 SW 교육 사이트(무료) https://koreasw.org

정규 강좌(이러닝 형태)

- 스크래치 초급
- 스크래치 중급(센서보드)

자율 강좌(동영상 형태)

- 언플러그드
- 아두이노
- 앱인벤터
- 스크래치 고급

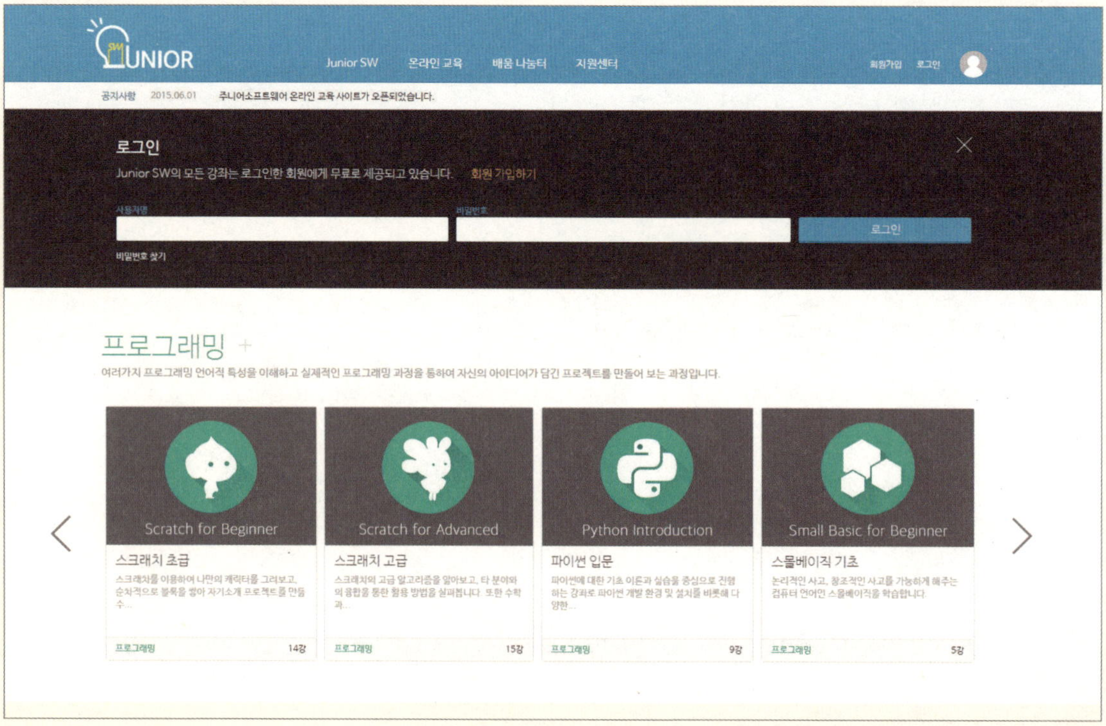

창의 컴퓨팅 자료 공유 사이트(무료) http://computing.or.kr

- 창의 컴퓨팅
- EPL 컴퓨팅
- 언플러그드 컴퓨팅
- 피지컬 컴퓨팅
- 융합 컴퓨팅
- 찾아가는 창의 컴퓨팅
- 스크립트 컴퓨팅
- 미래 교육 등